Günderrode

Gedichte, Prosa, Briefe

# *Karoline von Günderrode*

# Gedichte, Prosa, Briefe

Herausgegeben von
Hannelore Schlaffer

Philipp Reclam jun. Stuttgart

Umschlagabbildung:
Karoline von Günderrode,
Lithographie von V. Schertle nach einem Original-Porträt

(Foto: Ursula Edelmann, Frankfurt am Main)

RECLAMS UNIVERSAL-BIBLIOTHEK Nr. 9722

Gesamtherstellung: Reclam, Ditzingen. Printed in Germany 2007

ISBN 978-3-15-009722-9

www.reclam.de

# Inhalt

## Gedichte und Phantasien



## Poetische Fragmente



## Melete

Gedichte aus dem Nachlaß



Briefe

Anhang

# Gedichte und Phantasien

## Timur

Ermar hatte das Geschlecht von Parimor vom Thron gestoßen, Parimor selber, sein Weib und seine Freunde waren gefallen unter dem Schwerte des Überwinders, nur Timur sein einziger Sohn fiel lebend in Ermars Hände. Ungern unterwarf sich das Land dem Sieger, der die Burg des unglücklichen Parimor an der Nordküste der Insel bezog; und die höchste Gewalt mit seinem Bruder, dem wilden Konnar teilte.

Keiner von allen Freunden des gestürzten Königshauses wußte wo Timur sei, und ob er lebe? Nur die Prophetin wußte es, die verschwiegne Seherin, die in einer Höhle am Eingang der Erde wohnte, sie sah die kommenden Schicksale, die Tiefen der menschlichen Brust, und des unglücklichen Timurs Ketten. Einsam lebte die Prophetin und verrichtete geheimnisvolle Werke, und von allen Sterblichen wußte nur Thia, die schöne Tochter von Ermar, ihre Wohnung. Die Seherin liebte das Mädchen, sie lehrte sie mancherlei Geheimnisse, und enthüllte ihr oft die Begebenheiten der Zukunft.

Einst sprach die Prophetin zu der Tochter von Ermar: »Mädchen! fürchte das Geschick deines Vaters, seine Untat hat den Geist der Rache erweckt; sieh hierher!« Und sie zeigte dem erschrocknen Mädchen in einem Spiegel ein tiefes Gefängnis der Burg, und in dem Gefängnis lag auf moderndem Stroh, ein Jüngling mit brennenden Augen, und dichten braunen Locken; Thia konnte ihre Augen nicht sättigen an dem Anblick des Gefangnen; aber die Seherin sprach: »Dies ist der König dieses Landes, er schmachtet in Ketten, und dein Vater trägt die Krone die ihm gebührt.«

Gedankenvoll eilte Thia zurück zu der väterlichen Burg, und suchte allenthalben nach einer Türe die zu Timurs Kerker führen möchte. Im Nord war die Burg von rauhen Felsen umgeben, die bis zum Meere hinabreichten, in diesen Felsen entdeckte Thia zwischen Gesträuch und Nesseln versteckt, ein Gitter, das eine dunkle Tiefe verschloß; dies Gitter hatte sie in dem Zauberspiegel gesehen; und jeden Morgen ehe die Bewohner des Schlosses erwachten, und jeden Abend wenn die milde Dämmerung die Taten der Liebe in ihre Schleier verbarg, ging sie dahin, setzte sich trauernd neben das Gitter, und seufzte: Timur! Timur! und ihr war als kämen liebe unsichtbare Arme aus dem Gitter herauf und hielten sie umschlungen, daß sie die Stelle nicht verlassen konnte, und es nicht achtete daß der rauhe Nachtwind sie umwehte, und der Tau des Himmels sie benetzte.

Zwei Jahre hatte Timur in dem Kerker geschmachtet, schon waren der Rache wilde Gedanken bleich und ohnmächtig geworden, und die Träume von Erlösung und Befreiung waren verträumt; schon glaubte er sich von allen Menschen vergessen, als ihm deuchte, er höre mit süßer Stimme seinen Namen flüstern, und jeden Morgen und jeden Abend hörte er dieselbe Stimme: Timur! Timur! rufen, und wenn er auf seinem Lager schlummerte, deuchte ihm, ein Engel mit glänzenden Locken und rosigten Wangen beuge sich über ihn her, drücke leise Küsse auf seine Lippen und seufze: Timur! Aber wenn er erwachte, vergingen die rosigten Wangen in Kerkernacht, die hellen Locken erbleichten, die Küsse verglühten, doch die süße Stimme flüsterte fort; und er wußte nicht, ob der Traum wirklich, oder das wirklich Scheinende, Traum sei.

Tage und Wochen waren so vergangen, als das Mädchen zu Ermar sprach: »Vater! der Mund der Prophetin verkündet dir Unheil und Verderben, wegen des Sohnes von Parimor, der unschuldig in deinen Ketten schmachtet, deine Ungerechtigkeit wird den Geist der Rache erwecken, fürchte ihn!« »Timurs Kraft ist gefesselt«, erwiderte Ermar: »Wo ist der Arm der sich der Rache leihe?« »Fürchte«, sprach Thia, »die Zukunft und der Seherin untrügliche Worte; ich habe Timur gesehen, ich liebe ihn, gib ihm die Freiheit, gib ihn mir, feßle ihn durch ein heiliges Band an dich, oder fürchte auch deine Tochter.« Aber Ermar blieb unerbittlich bis sich die einzige Tochter ihm zu Füßen warf, und ihm schwur den Geliebten zu seinem treuen Sohne und Freund zu machen, oder ihn zu verraten, wenn er undankbar sei, und ihm den Dolch mitten in seinen Umarmungen in die Brust zu stoßen.

Timur lag in schweren Träumen, der Geist seines Vaters erschien ihm in blutige Grabtücher gehüllt, und sprach: »Räche mich! die Zeit ist gekommen.« Timur erwachte, aber immer hörte er noch die Worte, die Zeit ist gekommen! Er dachte noch darüber nach, als das Gitter sich öffnete; ein Krieger trat herein und hieß ihn folgen. Schweigend, voll seltsamer Empfindungen ging Timur hinter seinem Führer her. Jetzt waren sie auf den Felsen angekommen, der Krieger entfernte sich, und Ermar kam dem Jüngling entgegen. Die Zeit ist gekommen, räche mich, flüsterte eine Stimme in Timurs Seele: eine unsichtbare Gewalt trieb ihn; ehe Ermar noch gesprochen hatte, ergriff ihn der Jüngling, und schleuderte ihn die Felsen hinab, daß sein Blut hinunter rauchte bis zur See.

Die Bewohner des Schlosses versammelten sich, sie erkannten den Sohn ihrer Könige, und nannten ihn freudig Herr, und Gebieter. Als es aber Nacht wurde, trat Thia zu ihm, und sprach: »Ich habe dich geliebt, ich habe an der Türe deines Kerkers gewacht, und deinen Namen der Nacht, und den Sternen vertraut; deine Freiheit ist mein Werk, aber du hast meinen Vater ermordet, du hast die schwere Blutschuld auf meine Seele gewälzt, darum hinweg von dir!«

Und das Mädchen ging, und kehrte nicht wieder. Da ward der König sehr traurig, die lärmende Jagd erfreute ihn nicht, und nicht der Becher, einsam stand er auf seinem Felsen, und sahe, und vernahm nichts als die Schrecken des nahenden Winters. Der Himmel war mit schweren Wolken bedeckt, eisigte Regen fielen herab, der Nordwind zerwühlte den Wald und trieb die falben Blätter in wilden Wirblen umher, die Brandung brauste an der Küste, und der krächzende Rabe unterredete sich mit dem Widerhall. Monde vergingen so, und immer fielen kalte Regen und Schnee und der Himmel blieb dunkel wie die Seele von Timur; da versammelten sich die Freunde um ihn und sprachen: »Es ist nicht gut o König! daß du so einsam trauerst, komm! laß uns Taten tun; Konnar herrscht noch jenseits der Berge mit eisernem Zepter über das Volk, komm! erobere dein Erbe, überwinde die Verräter!« Der Jüngling gehorchte, er riß sich empor aus seinen Träumereien und stürzte sich in das Gewühl der Schlachten zu Taten und Ruhm.

Ungewiß schwankte das Glück zwischen Konnar und Timur, Timur war tapfer, Konnar fest und klug. Eine

Schlacht entschied für Konnar, Timur mußte sich zurückziehen in die Gebürge. Der Tag verfloß im Getümmel der Gefechte, in Angriff und Verteidigung, aber wenn die Nacht herniedersank, und den Kriegsgott in Schlummer einlullte, versammelten sich die Gefährten um Timur, und in den Schlüchten einsamer Gebürge, in der Nacht dichter Wälder, wo der spähende Feind sie nicht ahndete, errichteten sie ein lustiges Zelt, hundert Fackeln erleuchteten die Wildnis, der Freudenbecher ging umher, eine süße Musik erscholl begleitet von den Stimmen braunlockigter Mädchen, und Timur schwelgte in Ruhm und Lust und Liebe, und seine Gefährten jauchzten in wilden Freuden.

Einst aber, da Timur allein war auf seinem Lager, und der Schlummer ihn floh, deuchte ihm er höre das Geräusch leiser Tritte, und da er noch lauschte, fühlte er sich plötzlich umschlungen von zarten Armen, und heiße sehnsuchtsvolle Küsse bedeckten seine Lippen; als er aber morgens erwachte war sein Lager verlassen. Drei Nächte hatte schon die unbekannte Geliebte des Königs Lager besucht, als sie aber zum viertenmale kam, schloß er sie in seine Arme und schwur sie nicht zu lassen, bis sie sich ihm entdeckt habe, damit er seinen Thron und seine Hoheit mit ihr teilen könne. »Laß mich nur noch diesmal ungekannt von dir«, sprach das Mädchen, »wenn die Nacht wieder kehrt und die Sterne wieder glänzen, wird ein schwarzes Roß vor dir stehen, dem vertraue dich, es wird dich dahin tragen, wo dir alles offenbar wird.« Der König ließ das Mädchen von sich gehen. Da es aber Nacht wurde fand er das Roß; ein sonderbarer Schauer durchlief sein Gebein, aber er schwang sich auf des Tieres Rücken, und es trug ihn durch unbekannte verworrne Pfade, durch Klüfte und Wälder, und blieb stehen vor einem prächtigen erleuchteten Palast. Die Tore öffneten sich, zwei Knaben traten heraus, hielten ihm den Zügel und führten ihn in einen Saal. Eine milde Dämmerung herrschte, denn nur ein Halbmond über einem Becken in das sich duftendes balsamisches Wasser stürzte erleuchtete das Zimmer mit wechselndem Schimmer, bald glänzte der Mond in dunklem Purpur, dann in blassem Rosenrot, dann wieder blau wie der Bogen des Himmels, dann endlich wie der grüne Schmelz der Wiesen.

Staunend sah Timur eine Weile dem wechselnden Farbenspiel zu; da tat sich die Türe auf und viel schöne Mädchen kamen herein in allerlei fremden und sonderbaren Trachten; ein Blumenkranz wand sich um die blonden Haare der Einen, ein zierlich weißes Kleid umfloß sie. Eine Andere hauchte Arabiens Balsam, des Morgenlands köstlicher Tau umgab in glänzenden Reihen die dunklen Locken, und Gold gewürkt in persische Seide verhüllte die runden üppigen Glieder. Eine dritte in leichtem Silberflor glich der Luft ätherischen Schönen; und das Holdeste aller Zonen schien versammelt um den Jüngling. Plötzlich glänzte das Wasser wie die Sonne und goß breite Lichtströme durch den Saal; eine Musik, wie Orgeltöne, ließ sich hören, eine liebliche Stimme begleitete die rauschenden Harmonien und schwebte über ihnen, wie eine leichte Frühlingsluft schwebt über dem brausenden Meer, aber die Töne wurden stärker und stärker, und verschlangen die Stimme in Wogen von Wohllaut. Die Mädchen umgaben den Jüngling, sprachen ihm freundlich zu, und jede sandte ihm heiße Blicke, als sei jede die Geliebte der Nacht gewesen. Forschend betrachtete sie der König, jede dünkte ihm hold und lieblich, aber sein Herz bewegte sich zu keiner, sie ist nicht hier die ich suche, sprach seine innerste Seele.

Jetzt rauschten zwei Flügeltüren auf, ein prächtiger Saal zeigte sich von vielen Fackeln erleuchtet, die von den Marmorwänden widerstrahlten; in der Mitte stand eine Tafel. Man setzte sich, der Wein perlte im Gold, die Mädchen nippten mit Rosenlippen an den Bechern, und reichten sie dann dem König; aber Timurs Seele war traurig, er senkte den Blick, und all die Herrlichkeit, und all die Schönheit ging verloren an ihm. Da er aber die Augen aufschlug sah er eine Gestalt an der Ecke des Saals ihn gegenüber, an eine Säule gelehnt stehen, sie war ganz schwarz und dicht verhüllt, und blieb immer unbeweglich. Timur betrachtete sie lange und oft, eine tiefe Sehnsucht zog ihn zu ihr; das Mahl deuchte ihm unendlich lange, und es ward ihm erst wohl, als man sich erhob.

Die Mädchen verließen den Saal, aber jede sandte ihm noch einladende Blicke, er folgte keiner, und sah sich endlich allein mit der schwarzen Gestalt, die Fackeln erloschen, nur ein einziges bleiches Licht durchdämmerte den Saal. Die schwarze Gestalt nahte sich ihm, und sprach: »Folge mir!« Er gehorchte; und sie führte ihn durch seltsame unterirdische Gänge, auf einen Fels. Der Mond glänzte eben im vollen Lichte, und Timur erkannte schaudernd den Fels und das Meer in welches er Ermar hinabgeschleudert hatte. Seine Führerin schlug den Schleier zurück. Es was Thia. »Geist meines Vaters!« rief sie, »laß dich dieses Opfer entsühnen.« Sie schlang ihren Arm um den König, und stürzte sich mit ihm die Felsen hinunter, daß ihr Blut sich mischte, und hinab rauchte zur wogenden See.

# Die Manen

## Ein Fragment

SCHÜLER

Weiser Meister! ich war gestern in den Katakomben der Könige von Schweden. Tags zuvor hatte ich die Geschichte Gustav Adolphs gelesen, und ich nahte mich seinem Sarge mit einem äußerst sonderbaren und schmerzlichen Gefühl, sein Leben und seine Taten gingen vor meinem Geiste vorüber, ich sah zugleich sein Leben und seinen Tod, seine große Tätigkeit und seine tiefe Ruhe in der er schon dem zweiten Jahrhundert entgegen schlummert. Ich rief mir die dunkle grausenvolle Zeit zurück in welcher er gelebt hat, und mein Gemüt glich einer Gruft, aus welcher die Schatten der Vergangenheit bleich und schwankend herauf steigen. Ich weinte um seinen Tod mit heißen Tränen, als sei er heute erst gefallen. Dahin! Verloren! Vergangen! sagte ich mir selbst, sind das alle Früchte eines großen Lebens? Diese Gedanken, diese Gefühle überwältigten mich, ich mußte die Gruft verlassen, ich suchte Zerstreuung, ich suchte andere Schmerzen, aber der unterirdische trübe Geist verfolgt mich allenthalben, ich kann diese Wehmut nicht los werden, sie legt sich wie ein Trauerflor über meine Gegenwart; dies Zeitalter deucht mir schal und leer, ein sehnsuchtsvoller Schmerz zieht mich gewaltig in die Vergangenheit. Dahin! Vergangen! ruft mein Geist. O möchte ich mit vergangen sein! und diese schlechte Zeit nicht gesehen haben, in der die Vorwelt vergeht, an der ihre Größe verloren ist.

LEHRER

Verloren junger Mensch? Es ist nichts verloren, und in keiner Rücksicht; nur unser Auge vermag die lange unendliche Kette von der Ursache zu allen Folgen nicht zu übersehen. Aber wenn du auch dieses nicht bedenken willst, so kannst du doch das nicht verloren und dahin nennen, was dich selbst so stark bewegt, und so mächtig auf dich wirkt. Schon lange kenne ich dich, und mich deucht, dein eignes Schicksal und die Gegenwart haben dich kaum so heftig bewegt, als das Andenken dieses großen Königs. Lebt er nicht jetzt noch in dir! Oder nennst du nur Leben, was im Fleisch und in dem Sichtbaren fortlebt? Und ist dir das dahin und verloren, was noch in Gedanken wirkt, und da ist?

SCHÜLER

Wenn dies ein Leben ist, so ist es doch nicht mehr, als ein bleiches Schattenleben; dann ist die Erinnerung des Gewesenen, Wirklichen, mehr, als ihre bleiche Schatten dieser Wirklichkeit!

LEHRER

Die positive Gegenwart ist der kleinste und flüchtigste Punkt; indem du die Gegenwart gewahr wirst, ist sie schon vorüber, das Bewußtsein des Genusses liegt immer in der Erinnerung. Das Vergangene kann in diesem Sinn nur betrachtet werden, ob es nun längst oder so eben vergangen, gleichviel.

SCHÜLER

Es ist wahr. So lebt und wirkt aber ein großer Mensch nicht nach seiner Weise in mir fort, sondern nach meiner, nach der Art wie ich ihn aufnehme, wie ich mich und ob ich mich seiner erinnern will.

LEHRER

Freilich lebt er nur fort in dir, insofern du Sinn für ihn hast, insofern deine Anlage dich fähig macht ihn zu empfangen in deinem Innern, insofern du etwas mit ihm Homogenes hast, das Fremdartige in dir tritt mit ihm in keine Verbindung, und er kann nicht auf es wirken; und nur mit dieser Einschränkung wirken alle Dinge. Das, wofür du keinen Sinn hast, geht für dich verloren, wie die Farbenwelt dem Blinden.

SCHÜLER

Hieraus folgt, daß nichts ganz verloren geht, daß die Ursachen in ihren Folgen fortwirken (oder wie du dich ausdrückst, fortleben), daß sie aber nur auf dasjenige wirken können, das Empfänglichkeit, oder Sinn für sie hat.

MEISTER

Ganz recht.

SCHÜLER

Gut! Die Welt und die Vernunft möge genug haben an diesem nicht verloren sein, an dieser Art fort zu leben, aber mir ist es nicht genug; eine tiefe Sehnsucht führt mich zurück in den Schoß der Vergangenheit, ich mögte in einer unmittelbaren Verbindung mit den Manen der großen Vorzeit stehn.

LEHRER

Hältst du es denn für möglich?

SCHÜLER

Ich hielt es für unmöglich, als noch kein Wunsch mich dahin zog, ja, ich hätte noch vor kurzem jede Frage der

Art für töricht gehalten, heute wünsche ich schon, eine Verbindung mit der Geisterwelt möchte möglich sein, ja mir dünkt, ich sei geneigt sie glaublich zu finden.

LEHRER

Mir deucht die Manen Gustav Adolphs haben deinem innern Auge zu einer glücklichen Geburt verholfen, und du scheinst mir reif, meine Meinung über diese Gegenstände zu vernehmen. So gewiß alle harmonische Dinge in einer gewissen Verbindung stehen, sie mag nun sichtbar oder unsichtbar sein, so gewiß stehen auch wir in einer Verbindung mit dem Teil der Geisterwelt der mit uns harmonieret; ein ähnlicher oder gleicher Gedanke in verschiedenen Köpfen, auch wenn sie nie von einander wußten, ist im geistigen Sinne schon eine Verbindung. Der Tod eines Menschen der in einer solchen Verbindung mit mir stehet, hebt diese Verbindung nicht auf. Der Tod ist ein chemischer Prozeß, eine Scheidung der Kräfte, aber kein Vernichter, er zerreißt das Band zwischen mir und ähnlichen Seelen nicht, das Fortschreiten des Einen und das Zurückbleiben des Andern aber kann wohl diese Gemeinschaft aufheben, wie ein Mensch, der in allem Vortrefflichen fortgeschritten ist, mit seinem unwissenden und roh gebliebenen Jugendfreund nicht mehr harmonieren wird. Du wirst das Gesagte leicht ganz allgemein, und ganz aufs Besondere anwenden können?

SCHÜLER

Vollkommen! Du sagst Harmonie der Kräfte ist Verbindung, der Tod hebt diese Verbindung nicht auf, indem er nur scheidet nicht vernichtet.

LEHRER

Ich fügte noch hinzu: das Aufheben dessen, was eigentlich diese Harmonie ausmachte (z. B. Veränderung der Ansichten und Meinungen, wenn die Harmonie gerade darin bestand) müßte auch notwendig diese Verbindung aufheben.

SCHÜLER

Ich hab es nicht aus der Acht gelassen.

LEHRER

Gut. Eine Verbindung mit Verstorbenen kann also statthaben, insofern sie nicht aufgehört haben, mit uns zu harmonieren?

SCHÜLER

Zugegeben.

LEHRER

Es kommt nur darauf an, diese Verbindung gewahr zu werden. Bloß geistige Kräfte können unsern äußern Sinnen nicht offenbar werden; sie wirken nicht durch unsere Augen und Ohren auf uns, sondern durch das Organ, durch das allein eine Verbindung mit ihnen möglich ist, durch den innern Sinn, auf ihn wirken sie unmittelbar. Dieser innere Sinn, das tiefste und feinste Seelenorgan, ist bei fast allen Menschen gänzlich unentwickelt und nur dem Keim nach da; das Geräusch der Welt, das Getreibe der Geschäfte, die Gewohnheit nur auf der Oberfläche, und nur die Oberfläche zu betrachten, lassen es zu keiner Ausbildung, zu keinem deutlichen Bewußtsein kommen, und so wird es nicht allgemein anerkannt, und was sich hier und da zu allen Zeiten in ihm offenbaret hat, hat immer so viele Zweifler und Schmäher gefunden; und bis jetzt ist sein Empfangen und Wirken in äußerst seltnen Menschen die seltenste Individualität. – Ich bin weit davon entfernt, so manchen lächerlichen Geistererscheinungen und Gesichten das Wort zu reden; aber ich kann es mir deutlich denken, daß der innere Sinn zu einem Grade affiziert werden kann, nach welchem die Erscheinung des Innern vor das körperliche Auge treten kann, wie gewöhnlich umgekehrt, die äußere Erscheinung vor das Auge des Geistes tritt. So brauche ich nicht alles Wunderbare, durch Betrug oder Täuschung der Sinnen zu erklären. Doch ich erinnere mich, man nennt in der Sprache der Welt diese Entwicklung des innern Sinns, überspannte Einbildung.

Wem also der innere Sinn, das Auge des Geistes, aufgegangen ist, der sieht dem Andern unsichtbare mit ihm verbundene Dinge. Aus diesem innern Sinn sind die Religionen hervorgegangen, und so manche Apokalipsen der alten und neuen Zeit. Aus dieser Fähigkeit des innern Sinnes, Verbindungen, die andern Menschen (deren Geistesauge verschlossen ist) unsichtbar sind, wahrzunehmen, entsteht die Prophezeihung, denn sie ist nichts anders als die Gabe, die Verbindung der Gegenwart und Vergangenheit mit der Zukunft, den notwendigen Zusammenhang der Ursachen und Wirkungen zu sehen. Prophezeihung ist Sinn für die Zukunft. Man kann die Wahrsagerkunst nicht erlernen, der Sinn für sie ist Geheimnisvoll, er entwickelt sich auf eine geheimnisvolle Art; er offenbart sich oft nur wie ein schneller Blitz der dann von dunkler Nacht wieder begraben wird. Man kann Geister nicht durch Beschwörungen rufen, aber sie können sich dem Geiste offenbaren, das Empfängliche kann sie empfangen, dem innern Sinn können sie erscheinen.

Der Lehrer schwieg, und sein Zuhörer verließ ihn. Mancherlei Gedanken bewegten sein Inneres, und seine ganze Seele strebte sich das Gehörte zum Eigentum zu machen.

## Wunsch

Ja Quitos Hand, hat meine Hand berühret
Und freundlich zu den Lippen sie geführet,
An meinem Busen hat sein Haupt geruht.

Da fühlt ich tief ein liebend fromm Ergeben.
Mußt ich dich überleben, schönes Leben?
Noch Zukunft haben, da du keine hast?

Im Zeitenstrome wirst du mir erbleichen,
Stürb ich mit dir, wie bei der Sonne Neigen
Die Farben all' in dunkler Nacht vergehn.

## Der Adept

Ein Weiser, der schon viel erforschet,
Doch nie des Forschens müde war,
Gelangte einst zum Indier Lande,
Nach manchem langen Wandrungsjahr.

Die Priester dieses Landes rühmen
Sich viel geheimer Wissenschaft,

Sie wissen Sein und Schein zu trennen,
Und kennen aller Dinge Kraft.

Zum Schüler läßt sich Valus weihen,
Verbindet sich durch einen Eid,
Geheimnisvoll, zu diesem Orden,
Wie es der Priester ihm gebeut.

Wie eitel all sein vorig Wissen;
Das siehet bald schon Valus ein,
Kannt er doch nie der Dinge Seele
Begnügt' an Namen sich und Schein.

Eins sieht er nun in jeder Summe,
Sieht den Naturgeist immer neu
Und immer alt in ew'gem Wandel
Wie er in allen Formen sei.

Jetzt kann er die Natur belauschen,
Er kann ihr tiefstes Wirken schaun,
Weiß, wie die Stoffe sich vermählen
Und wie die Erden sich erbaun.

Jetzt gibt man ihm die dritte Weihe,
Ein Vorzug wen'ger Weisen nur;
Denn sie, die alles sonst durchschauten
Beherrschen jetzo die Natur.

Nachdem er dreimal so geweihet,
Hat er den großen Schritt getan,
Der seines Lebens lange Reife
Geschieden von der Menschheit Bahn.

Viel Zeiten gehn an ihm vorüber,
Er siehet die Geschlechter fliehn,
Und bleibt allein in allem Wandel,
Indes die Dinge kommen, ziehn.

Nachdem er oft den Kreis gesehen
Den immer die Natur gemacht,
Ergreifen Schauder seine Seele,
Denn alles kehrt wie Tag und Nacht.

Der Neuheit Reiz ist ihm verloren,
Er kennet was die Erde trägt,
Er findet sich allein auf Erden,
Die Menschen sind nicht sein Geschlecht.

Geleert hat er des Lebens Becher
Und lebet immer, immer fort.
Er kann dem Meere nicht entsteigen
Und hat gelandet doch im Port.

Weh' dem! ruft er: der auf dem Gipfel
Des Daseins also stille steht.
Nicht Ew'ges kann der Mensch ertragen,
Und wohl ihm, wenn er auch vergeht.

## Ein apokaliptisches Fragment

1. Ich stand auf einem hohen Fels im Mittelmeer, und vor mir war der Ost, und hinter mir der West, und der Wind ruhte auf der See.

2. Da sank die Sonne, und kaum war sie verhüllt im Niedergang, so stieg im Aufgang das Morgenrot wieder

empor, und Morgen, Mittag, Abend und Nacht, jagten sich, in schwindelnder Eile, um den Bogen des Himmels.

3. Erstaunt sah ich sie sich drehen in wilden Kreisen; mein Puls floh nicht schneller, meine Gedanken bewegten sich nicht rascher, und die Zeit in mir ging den gewohnten Gang, indes sie außer mir, sich nach neuem Gesetz bewegte.

4. Ich wollte mich hinstürzen in das Morgenrot, oder mich tauchen in die Schatten der Nacht, um mit in ihre Eile gezogen zu werden, und nicht so langsam zu leben; da ich sie aber immer betrachtete, ward ich sehr müde und entschlief.

5. Da sah ich ein weites Meer vor mir, das von keinem Ufer umgeben war, weder im Ost noch Süd noch West, noch Nord: kein Windstoß bewegte die Wellen, aber die unermeßliche See bewegte sich doch in ihren Tiefen, wie von innern Gärungen bewegt.

6. Und mancherlei Gestalten stiegen herauf, aus dem Schoß des tiefen Meeres, und Nebel stiegen empor und wurden Wolken, und die Wolken senkten sich, und berührten in zuckenden Blitzen die gebärenden Wogen.

7. Und immer mannichfaltigere Gestalten entstiegen der Tiefe, aber mich ergriffen Schwindel und eine sonderbare Bangigkeit, meine Gedanken wurden hie hin und dort hin getrieben, wie eine Fackel vom Sturmwind, bis meine Erinnerung erlosch.

8. Da ich aber wieder erwachte, und von mir zu wissen anfing, wußte ich nicht, wie lange ich geschlafen hatte, ob es Jahrhunderte oder Minuten waren; denn ob ich gleich dumpfe und verworrene Träume gehabt hatte, so war mir doch nichts begegnet, was mich an die Zeit erinnert hätte.

9. Aber es war ein dunkles Gefühl in mir, als habe ich geruht im Schoße dieses Meeres und sei ihm entstiegen,

wie die andern Gestalten. Und ich schien mir ein Tropfen Tau, und bewegte mich lustig hin und wieder in der Luft, und freute mich, daß die Sonne sich in mir spiegle, und die Sterne mich beschauten.

10. Ich ließ mich von den Lüften in raschen Zügen dahin tragen, ich gesellte mich zum Abendrot, und zu des Regenbogens siebenfarbigen Tropfen, ich reihte mich mit meinen Gespielen um den Mond wenn er sich bergen wollte, und begleitete seine Bahn.

11. Die Vergangenheit war mir dahin! ich gehörte nur der Gegenwart. Aber eine Sehnsucht war in mir, die ihren Gegenstand nicht kannte, ich suchte immer, aber jedes Gefundene war nicht das Gesuchte, und sehnend trieb ich mich umher im Unendlichen.

12. Einst ward ich gewahr, daß alle die Wesen, die aus dem Meere gestiegen waren, wieder zu ihm zurückkehrten, und sich in wechselnden Formen wieder erzeugten. Mich befremdete diese Erscheinung; denn ich hatte von keinem Ende gewußt. Da dachte ich, meine Sehnsucht sei auch, zurück zu kehren, zu der Quelle des Lebens.

13. Und da ich dies dachte, und fast lebendiger fühlte, als all mein Bewußtsein, ward plötzlich mein Gemüt wie mit betäubenden Nebeln umgeben. Aber sie schwanden bald, ich schien mir nicht mehr ich, und doch mehr als sonst ich, meine Grenzen konnte ich nicht mehr finden, mein Bewußtsein hatte sie überschritten, es war größer, anders, und doch fühlte ich mich in ihm.

14. Erlöset war ich von den engen Schranken meines Wesens, und kein einzler Tropfen mehr, ich war allem wiedergegeben, und alles gehörte mir an, ich dachte, und fühlte, wogte im Meer, glänzte in der Sonne, kreiste mit den Sternen; ich fühlte mich in allem, und genoß alles in mir.

15. Drum, wer Ohren hat zu hören, der höre! Es ist nicht zwei, nicht drei, nicht Tausende, es ist eins und alles; es ist nicht Körper und Geist geschieden, daß das eine der Zeit, das andere der Ewigkeit angehöre, es ist eins, gehört sich selbst, und ist Zeit und Ewigkeit zugleich, und sichtbar, und unsichtbar, bleibend im Wandel, ein unendliches Leben.

## Mora

FROTHAL, König von Skandinavien
MORA, seine Geliebte
KARMOR, ein Krieger
THORMOD, CARUL } Barden

CARUL. Wehet ihr Lüfte des Frühlings, spielt mit den Locken der Mädchen, flüstert im hohen Gras der Wiese, und rauscht in den Wipfeln des Hains; aber haltet eure Fittiche, daß sie nicht aufrauschen im Sturm, und meine Stimme ungehört entführen, wenn ich den Frühling singe. Schön bist du o Frühling! lieblich deine Tritte über die Fluren! Blumen entkeimen; Quellen entsprudeln dir! Dir jauchzen die Vögel entgegen, diese melodischen Barden der Natur, und sie verstummen, wenn du enteilest, du lieblicher, säuselnder Sohn des Himmels!

THORMOD. Sahst du den Abend herabsteigen auf die Hügel von Skandinavien? Du lieblicher Sänger des Frühlings! langsam sind seine Schritte, dunkel sein Gewand von Wolken. Er steigt herauf über die Wälder und

Berge, wie die Geister der Verstorbnen aus ihren Gräbern. Da verstummen die Vögel, kühle Schauer durchzucken alles Leben, feuchte Nebeldünste versammeln sich. Nur der Widerhall seufzt durch die Nacht, nur die Unke des Sumpfs, und die krächzende Eule unterreden sich mit ihm.

CARUL. Aber die Sterne kommen und lächlen freundlich, und die glänzenden Locken des Mondes, seine grünlichen Strahlen erleuchten die Erde. Nicht alles Leben verstummt in der Nacht, die Lüfte des Abends säuseln, der Wasserfall murmelt melodisch; und das Land der Träume öffnet seine Tore, und die lieblichen Kinder der Gedanken flattern herauf, und küssen die Stirnen der Schlummernden.

THORMOD. Horch! Was braust durch den Wald? Was hebt so die wogende See? Die Winde haben ihre Fesseln gelöst. Reichlicher Regen stürzt herab, Wolken türmen sich! Blitze zerspalten die Nacht! Der Stern des Abends weint in seinen Wolken, die Orkane haben sich ausgerast, zerwühlen den Busen des schäumenden Meers, und zerreißen die Segel kämpfender Schiffe. Der Donner rollt! Und der Sohn der Felsen ruft ihm mit hundert Stimmen nach.

CARUL. Frothal, der König der Speere wandelt allein und verirret im Wald, dunkel ist die Nacht, und sein Fuß betritt nicht den Weg der Heimat.

THORMOD. Gräßlich rollt der Donner, die Erde zittert, aber Frothal zittert nicht.

CARUL. Sieh! Durch die Nacht sendet ein freundliches Licht den bleichen Schimmer, es ist das Licht von Mora, der schönen Tochter von Torlat. Ihre gastliche Hütte empfängt den irrenden Wandrer, und ihre Schönheit umfängt das Herz des Königs. Da war Frothal nicht verirrt, als er irrte zu dem lieblichen Mädchen.

FROTHAL. Angenehm ist meinem Ohre euer Gesang, ihr Barden des Liedes.

MORA. Thormod! dein Gesang ist wie der Flug des Adlers. Carul! lieblich ist dein Lied wie die Stimme der Liebe.

FROTHAL. Meine Seele ist erregt, mein Arm zuckt nach dem Speer. Komm mit mir zur Jagd der waldigen Insel, Tochter von Torlat.

MORA. Gehe nicht zur Jagd der wald'gen Insel, meine Seele bangt, denn mich warnte ein Traum; ich sah dich erlegt vom Jagdspieß, darum meide die Jagd, o König!

FROTHAL. Soll ich die Jagd vermeiden! Nimmer Mädchen, nimmer meid ich Gefahr, denn mir ward Liebe und Ruhm, so ist mein Sterben kein Tod, was fürcht ich noch, Tochter von Torlat?

MORA. Stirbst du mit Ruhm und Liebe, so starbst du doch Frothal für mich.

FROTHAL. Komm zur muntern Jagd, nimm die Waffen der Könige Skandinaviens daß du glänzest im Stahle der Helden, und folge mir Mädchen.

*Mora allein, nachher Karmor.*

MORA. Die Nacht ist verbraust auf den waldigen Höhen, und Frothal schlummert so süß in der Höhle des Felsen. Ach! mir gab die Jagd nicht Freude, die Ermüdung nicht Schlummer. Meine Seele ist traurig, mein Herz klopft ängstlicher und Frothal schlummert so süß.

KARMOR. Ja er muß hier sein, hier in der Höhle. Frothal! komm!

MORA. Was willst du von Frothal? Warum verscheucht deine Stimme den Schlummer?

KARMOR. Ich rufe den König zum Zweikampf.

MORA. Warum rufst du ihn!

KARMOR. Er hat mir die Seele meines Busens geraubt, ich liebte die Tochter von Torlat, und sie wählt ihn.

MORA. Sie wählt ihn, und nicht dich. Was nutzt dir der Kampf? Was hilft dir der Sieg?

KARMOR. Du bist Frothal, dies ist sein Schwert, dies der Schild der Könige, komm zum Kampfe um Torlats langlockigte Tochter. Oder fürchtest du das Schwert von Karmor, wie's dein Zögern verrät, kämpfst du nicht für das Mädchen deiner Liebe!

MORA. Komm, mich dürstet nach Kampf, mein Mut jauchzt der Gefahr entgegen, komm!

*Frothal, nachher Thormod und Carul.*

FROTHAL. Welches Getöse erweckte mich! Mir war als vernähm ich fernes Waffengeklirr! Aber jetzt ist's so stille, nur der Morgenhauch schlüpft durch die Blätter. – Horch! was rauscht im Wald? Es ist der leise Fußtritt von Mora. Mora! komm, komm meine Geliebte!

CARUL. Mora kommt nicht zu dir, o König der Speere!

THORMOD. Mora begegnet dir nicht mehr, nicht mehr in der Halle der Muscheln, noch auf grünenden Triften. Sie wandelt in Walhallas traumreichen Hainen, durchbohrt ist ihr Busen so weiß, die dunkeln Locken schwimmen in Blut.

FROTHAL. Trauer umnachtet meine Seele, ihr Söhne des Gesangs! ewige Trauer umarmt mich.

CARUL. Karmor, der düstere Krieger, liebte das Mädchen, und fodern wollt er dich zum Kampfe, aber Moras Schild glänzte wie der der Könige, ihr Schwert war das der Herrscher. Frothal! sie fiel für dich.

FROTHAL. Singet ihr Barden, das Lob der schönen

Tochter von Torlat! Singet den Ruhm des Mädchens, daß unsterblich blühe die leicht verwelkliche Schönheit. Und ruft mir zum Kampfe den finstern Karmor, fallen soll er, und wäre sein Arm mächtig wie der Arm von Thor, sein Schwert wie Odins.

CARUL. Mora du bist gefallen in deiner Schönheit, gesunken in deiner Blüte! lieblich warst du wie der Stern des Abends, freundlich wie die scheinende Sonne.

THORMOD. Brüllende Bergströme stürzen von ihren Gipfeln, Wogen brausen! Tobende Winde heulen über der Ebne, aber nicht Bergströme, Wogen, und Stürme erwecken Mora, denn sie schläft den langen Schlummer. Mora! Mora dich erweckt nicht der blumige Frühling, nicht der Glanz des Morgens, nicht der Purpur des Abends, nicht der Ruf der Liebe. Schön ist's zu wandeln, im Lichte des Lebens, aber eng ist das Grab und finster, ewig der Schlummer, darum weinet um Mora, denn sie kehrt nicht wieder zum Lichte.

## Der Traurende und die Elfen

Zum Grab der Trauten schleicht der Knabe,
Ihm ist das Herz so bang und schwer;
Da sinkt die dunkle Nacht hernieder
Und bleiche Geister gehn umher;
Des Abends feuchte Nebel tauen,
Der Nachtwind wühlt in seinem Haar,
Das alles wird er nicht gewahr.

In Träumen ist er ganz verloren,
Er merket nicht der Stunden Gang;

Da weckt ihn aus dem dumpfen Schlummer
Musik und froher Chorgesang,
Er blicket auf: und schaut den Reigen
Der Elfen, deren muntrer Tanz
Sich schlingt um frischer Gräber Kranz.

Und sieh! ihm naht der Elfen Schönste,
Und spricht: »Was trauerst du so sehr?
Komm! ist dein Mädchen dir gestorben?
Vergiß sie! komm zum Tanze her.
Frei sind wir Elfen, ohne Sorgen,
Leicht wie der Sinn ist unser Fuß,
Und froh und leicht sind Lieb und Kuß.

O zögre nicht! Nur wenig Stunden
So moderst du, nur kurze Zeit
So welket alles, was jetzt blühet,
Drum komm! entsag dem schweren Leid.« –
Wild springt er auf zum raschen Tanze
Und über seiner Braut Gebein
Schlingt sich der lust'ge Elfenreihn.

Er tanzt, vergisset die Geliebte,
Leicht, wie der Elfen, wird sein Sinn
Entbunden aller Erdensorgen
Schwingt er sich über Wolken hin.
Er sieht Geschlechter kommen, sterben,
Kann alles froh und lustig sehn
Der Dinge Blühen und Vergehn.

## Die Bande der Liebe

Ach! mein Geliebter ist tot! Er wandelt im Lande der Schatten
Sterne leuchten ihm nicht, ihm erglänzet kein Tag
Und ihm schweigt die Geschichte; das Schicksal der Zeiten
Gehet den mächtigen Gang, doch ihn erwecket es nicht;
Alles starb ihm mit ihm, mir ist er doch nicht gestorben
Denn ein ewiges Band eint mir noch immer den Freund.
Liebe heißet dies Band, das an den Tag mir geknüpft
Hat die erebische Nacht, Tod mit dem Leben vereint.
Ja ich kenne ein Land, wo Tote zu Lebenden reden,
Wo sie, dem Orkus entflohn, wieder sich freuen des Lichts,
Wo von Erinnrung erweckt, sie auferstehn von den Toten
Wo ein irdisches Licht glühet im Leichengewand.
Seliges Land der Träume! wo, mit Lebendigen, Tote
Wandeln, im Dämmerschein, freuen des Daseins sich noch.
Dort, in dem glücklichen Land, begegnet mir wieder der Teure,
Freuet, der Liebe, sich meiner Umarmungen noch;
Und ich hauche die Kraft der Jugend dann in den Schatten,
Daß ein lebendig Rot wieder die Wange ihm färbt,
Daß die erstarreten Pulse vom warmen Hauche sich regen,
Und der Liebe Gefühl wieder den Busen ihm hebt.
Darum fraget nicht, Gespielen! was ich so bebe?
Warum das rosigte Rot löscht ein ertötendes Blaß?
Teil ich mein Leben doch mit unterirdischen Schatten,
Meiner Jugend Kraft schlürfen sie gierig mir aus.

## Mahomets Traum in der Wüste

Bei des Mittags Brand
Wo der Wüste Sand
Kein kühlend Lüftchen erlabet,
Wo heiß, vom Samum nur geküsset,
Ein grauer Fels die Wolken grüßet
Da sinket müd der Seher hin.

Vom trügenden Schein
Will der Dinge Sein
Sein Geist, betrachtend hier, trennen.
Der Zukunft Geist will er beschwören,
Des eignen Herzens Stimme hören,
Und folgen seiner Eingebung.

Hier flieht die Gottheit,
Die der Wahn ihm leiht,
Der eitle Schimmer verstiebet.
Und ihn, auf den die Völker sehen,
Den Siegespalmen nur umwehen,
Umkreist der Sorgen dunkle Nacht.

Des Sehers Traum
Durchflieget den Raum
Und all die künftigen Zeiten,
Bald kostet er, in trunknem Wahne,
Die Seligkeit gelungner Plane,
Dann sieht er seinen Untergang,

Entsetzen und Wut,
Mit wechselnder Flut,
Kämpfen im innersten Leben,

Von Zweifeln, ruft er, nur umgeben!
Verhauchet der Entschluß sein Leben!
Eh Reu ihn und Mißlingen straft.

Der Gottheit Macht,
Zerreiße die Nacht
Des Schicksals, vor meinen Blicken!
Sie lasse mich die Zukunft sehen,
Ob meine Fahnen siegreich wehen?
Ob mein Gesetz die Welt regiert?

Er spricht's; da bebt
Die Erde, es hebt
Die See sich auf zu den Wolken,
Flammen entlodern den Felsenklüften,
Die Luft, erfüllt von Schwefeldüften,
Läßt träg die müden Schwingen ruhn.

Im wilden Tanz,
Umschlinget der Kranz
Der irren Sterne, die Himmel;
Das Meer erbraust in seinen Gründen,
Und in der Erde tiefsten Schlünden
Streiten die Elemente sich.

Und der Eintracht Band,
Das mächtig umwand
Die Kräfte, es schien gelöset.
Der Luft entsinkt der Wolken Schleier
Und aus dem Abgrund steigt das Feuer,
Und zehret alles Ird'sche auf.

Mit trüberer Flut
Steigt erst die Glut,
Doch brennt sie stets sich reiner,
Bis hell ein Lichtmeer ihr entsteiget
Das lodernd zu den Sternen reichet
Und rein, und hell, und strahlend wallt.

Der Seher erwacht
Wie aus Grabesnacht
Und staunend fühlt er sich leben,
Erwachet aus dem Tod der Schrecken,
Harrt zagend er, ob nun erwecken
Ein Gott der Wesen Kette wird.

Von Sternen herab
Zum Seher hinab
Ertönt nun eine Stimme:
»Verkörpert hast du hier gesehen
Was allen Dingen wird geschehen
Die Weltgeschichte sahst du hier.

Es treibet die Kraft
Sie wirket und schafft,
In unaufhaltsamem Regen;
Was unrein ist das wird verzehret,
Das Reine nur, der Lichtstoff, währet
Und fließt dem ew'gen Urlicht zu.«

Jetzt sinket die Nacht
Und glänzend ertagt
Der Morgen in seiner Seele.
Nichts! ruft er, soll mich mehr bezwingen:
Daß Licht nur werde! sei mein Ringen,
Dann wird mein Tun unsterblich sein.

## Zilia an Edgar

O Edgar komm! Ich wein auf Islands Küste,
Mein müder Blick durchirrt das weite Meer,
Doch, er durchspäht umsonst die Wasserwüste!
Mein Edgar kehret nimmer nimmer mehr.

Ich weine einsam am verlaßnen Strande
Vom rauhen Nordwind stürmisch nur umsaust;
Und Nebel sinken zum beeisten Lande
Das schäumend wild die hohe See umbraust.

Nur Tannen wiegen sich im hohlen Winde,
Der Widerhall seufzt mit am Meeresstrand
Und lange Nacht umringt, wie Grabesschlünde,
Mit dunkeln Trauerschatten Meer und Land.

So muß ich alles mit mir trauern sehen,
Mein Leben gießt in allen Schmerz sich hin,
In aller Trauer werd ich mit vergehen
Wie sich im Meer die Tropfen Tau verziehn.

Drum komm! Ich fühle meine Kraft entfliehen,
In Träumen löst sich mein Bewußtsein auf.
Der bleiche Lebensfunke wird verglühen,
In tiefen Schmerzen hört mein Dasein auf.

## Liebe

O reiche Armut! Gebend, seliges Empfangen!
In Zagheit Mut! In Freiheit doch gefangen.
    In Stummheit Sprache,
    Schüchtern bei Tage,
    Siegend mit zaghaftem Bangen.

Lebendiger Tod, im Einen sel'ges Leben
Schwelgend in Not, im Widerstand ergeben,
    Genießend schmachten,
    Nie satt betrachten
    Leben im Traum und doppelt Leben.

## Ariadne auf Naxos

Auf Naxos Felsen weint verlassen Minos Tochter.
Der Schönheit heißes Flehn erreicht der Götter Ohr.
Von seinem Thron herab senkt, Kronos Sohn, die Blitze,
Sie zur Unsterblichkeit in Wettern aufzuziehn.

Poseidon, Lieb entbrannt, eröffnet schon die Arme,
Umschlingen will er sie, mit seiner Fluten Nacht.
Soll zur Unsterblichkeit nun Minos Tochter steigen?
Soll sie, den Schatten gleich, zum dunklen Orkus gehn?

Ariadne zögert nicht, sie stürzt sich in die Fluten:
Betrogner Liebe Schmerz soll nicht unsterblich sein!
Zum Götterlos hinauf mag sich der Gram nicht drängen,
Des Herzens Wunde hüllt sich gern in Gräbernacht.

## Der Franke in Egypten

Wie der Unmut mir den Busen drücket,
Wie das Glück mich hämisch lächelnd flieht.
Ist denn nichts was meine Seele stillet?
Nichts, was dieses Lebens bange Leere füllet? –
Dieses Sehnen, wähnt ich, sucht die Vorwelt,
Die Heroenzeit ersehnt mein kranker Geist.
An vergangner Größe will dies Herz sich heben,
Und so eilt ich deinem Strande zu,
Du der Vorwelt heiligste Ruine,
Fabelhaftes Land, Egypten du!
Ha! da wähnt ich aller Lasten mich entladen
Als der Heimat Grenze ich enteilet war.
Träumend wallt ich mit der Vorzeit Schatten,
Doch bald fühlt ich, daß ich unter Toten sei,
Neu bewegte sich in mir das Leben,
Antwort konnte mir das Grab nicht geben. –
Ins Gewühl der Schlachten,
Warf ich durstig mich,
Aber Ruhm und Schlachten,
Ließen traurig mich:
Der Lorbeer der die Stirne schmückt,
Er ist's nicht immer der beglückt.
Da reichte mir die Wissenschaft die Hand,
Und folgsam ging ich nun an ihrer Seite,
Ich stieg hinab in Pyramiden Nacht,
Ich maß des Möris See, des alten Memphis Größe,
Und all die Herrlichkeit, die sonst mein Herz geschwellt,
Sie reicht dem Durstigen nur der Erkenntnis Becher.
Ich dachte, forschte nur, vergaß daß ich empfand. –
Doch ach! die alte Sehnsucht ist erwacht,
Aufs neue fühl ich suchend ihre Macht,

Was geb ich ihr? Wohin soll ich mich stürzen?
Was wird des Lebens lange Öde würzen?
Ha! Sieh, ein Mädchen! wie voll Anmut,
Wie lieblich hold erscheint sie mir!
Soll ich dem Zuge widerstehen?
Doch nein! ich rede kühn zu ihr.
Ist dies der Weg der Pyramiden?
O, schönes Mädchen! sag es mir!

MÄDCHEN

Du bist nicht auf dem Weg der Pyramiden,
O Fremdling! doch ich zeig ihn dir.

FRANKE

Brennend sengt die heiße Mittagssonne,
Jede Blume neigt das schöne Haupt,
Aber du der Blumen Schönste hebest,
Jung, und frisch, das braungelockte Haupt.

MÄDCHEN

Willst du in des Vaters Hütte dich erkühlen
Komm, es nimmt der Greis dich gerne auf.

FRANKE

Welchen Namen trägst du schönes Mädchen?
Und dein Vater; sprich, wo wohnet der?

MÄDCHEN

Lastrata heiß ich; und mein guter Vater
Er wohnt mit mir im kleinen Palmental,
Doch nicht des Tales angenehme Kühle,
Nicht Bäche Murmeln, nicht der Sonne Kreisen
Erfreuet meinen guten Vater mehr.

FRANKE

Wie! freut dem Vater nicht des Stromes Quellen,
Der Palmen lindes Frühlingssäuseln nicht?
Ich faß es; doch, wie es ein Gram mag geben
Der deiner Tröstung möchte widerstreben,
Das nur, Lastrata, faß ich nicht.

MÄDCHEN

Italien ist das Vaterland des Greisen,
Und vieles Unglück brachte ihn nur hierher.
Mit sehnsuchtsvollem Blick schaut er am
Mittelmeere
Hinüber in das vielgeliebte Land.
Und seufzend sehn auch ich hinüber
Nach jenen blütenreichen Küsten mich.
Erkranket ruht mein Geist auf jener blauen
Ferne,
Und schöne Träume tragen mich dahin.
Sag, wogt nicht schöner dort der Strom des
Lebens?
Sehnt dort die kranke Brust sich auch vergebens?

FRANKE

Mädchen! ach! von gleichem Wunsch betrogen,
Wähnt ich: Schönes berg' die Ferne nur,
Doch umsonst durchsegelt ich die Wogen,
Hat auch diese Ahndung mir gelogen
Die du, Mädchen, jetzt in mir erweckt. –

MÄDCHEN

Fremdling! kannst du diese Sehnsucht deuten?
Fühlst du dieses unbestimmte Leiden?
Dieses Wünschen ohne Wunsch?

FRANKE

Ja ich fühl ein Sehnen, fühl ein Leiden.
Doch jetzt kann ich diese Wünsche deuten,
Und ich weiß, was dieses Streben will.
Nicht an fernen Ufern, nicht in Schlachten!
Wissenschaften! nicht an eurer Hand,
Nicht im bunten Land der Phantasien!
Wohnt des durst'gen Herzens Sättigung.
Liebe muß dem müden Pilger winken,
Myrten keimen in dem Lorbeerkranz,
Liebe muß zu Heldenschatten führen,
Muß uns reden aus der Geisterwelt. –
Mächt'ger Strom! ich fühlte deine Wogen,
Unbewußt fühlt ich mich hingezogen,
Nur wohin! wohin! das wußt ich nicht.
Wohl mir! dich und mich hab ich gefunden.
Liebe hat dem Chaos sich entwunden.

# Poetische Fragmente

## Piedro

Dunkel ruhet auf den Wassern,
Tiefe Stille weit umher,
Piedros Schiff nur teilt die Wellen,
Seine Ruder schlägt das Meer.

Aber Piedro steht am Maste
Und sein Aug in trüber Glut,
Sucht den Räuber der Geliebten,
Sucht sie durch des Meeres Flut.

Endlich naht er ihrem Segel,
Endlich geht die lange Nacht,
Und mit ungeduld'ger Eile
Ordnet er der Schiffe Schlacht.

Viele fallen, viele siegen,
Einer kämpft mit Löwenmut,
Naht sich Piedron durch die Menge
Kühnlich mit bescheidnem Mut.

Und sie kämpfen, keiner weichet,
Tapferkeit wird wilde Wut;
Und in zornigen Strömen mischet
Sich der Kämpfer heißes Blut.

Endlich in des Jünglings Busen
Senket Piedro seinen Stahl,
Vor dem unwillkommenen Gaste
Flieht sein süßes – Leben all.

Und er stirbt so hold im Tode,
Daß Piedro niedersinkt,
Und von seinen blassen Lippen
Reuig heiße Küsse trinkt.

Nacht will endlich niedersinken,
Tiefe Stille weit umher;
Piedros Schiff nur teilt die Wellen,
Seine Ruder schlägt das Meer.

Piedro aber liegt verwundet
Einsam in des Schiffes Raum;
Seine Seele ist gefangen,
Ganz und gar in einem Traum.

Denn ihm deucht er sei umschlungen
Von des toten Jünglings Arm,
Freundlich will sein Auge brechen,
Doch es schlägt sein Herz noch warm.

Piedro will sich von ihm reißen,
Doch mit sehnsuchtsvollem Blick
Und mit heißen Liebesküssen
Hält der Knabe ihn zurück.

Freudig, daß er sie befreiet,
Tritt die Braut zu Piedro hin,

Will ihn trösten, will versuchen,
Ob die bösen Träume fliehn.

Und sie neigt sich zu ihm nieder,
Ruft des Teuern Namen laut.
Er erwacht und mit Entsetzen
Wendet er sich von der Braut.

Und er mag sie nicht mehr schauen,
Ihre Liebe ist ihm Pein.
Tief versenkt nur im Betrachten
Des Gestorbenen mag er sein.

Und das süße Mädchen weinet,
Sie verhüllt ihr Angesicht,
Möchte gern vor Schmerzen sterben,
Nur den Teuern lassen nicht.

Piedro sieht's, ein tiefes Sehnen
Zieht ihn nach des Grabes Ruh,
Er zerreißt der Wunde Banden
Und geht still den Toten zu.

Dunkel ruhet auf den Wassern,
Tiefe Stille weit umher,
Piedros Schiff erreicht die Küste,
Aber er schläft tief im Meer.

## Der Kuß im Traume

aus einem ungedruckten Romane

Es hat ein Kuß mir Leben eingehaucht,
Gestillet meines Busens tiefstes Schmachten,
Komm, Dunkelheit! mich traulich zu umnachten,
Daß neue Wonne meine Lippe saugt.

In Träume war solch Leben eingetaucht,
Drum leb ich, ewig Träume zu betrachten,
Kann aller andern Freuden Glanz verachten,
Weil nur die Nacht so süßen Balsam haucht.

Der Tag ist karg an liebesüßen Wonnen,
Es schmerzt mich seines Lichtes eitles Prangen
Und mich verzehren seiner Sonne Gluten.
Drum birg dich Aug dem Glanze ird'scher Sonnen!
Hüll dich in Nacht, sie stillet dein Verlangen
Und heilt den Schmerz, wie Lethes kühle Fluten.

# Melete

## Adonis' Totenfeier

Wehe! daß der Gott auf Erden
Sterblich mußt geboren werden!
Alles Dasein, alles Leben
Ist mit ihm dem Tod gegeben.
Alles wandelt und vergehet,
Morgen sinkt was heute stehet;
Was jetzt schön und herrlich steiget,
Bald sich hin zum Staube neiget;
Dauer ist nicht zu erwerben,
Wandeln ist unsterblich Sterben.
Wehe! daß der Gott auf Erden
Sterblich mußt geboren werden!
Alle sind dem Tod verfallen,
Sterben ist das Los von allen.
Viele doch sind die nicht wissen,
Wie der Gott hat sterben müssen;
Blinde sind es, die nicht sehen,
Nicht den tiefen Schmerz verstehen,
Nicht der Göttin Klag und Sehnen,
Ihre ungezählten Tränen,
Daß der süße Leib des Schönen
Muß dem kargen Tode frönen.

Laßt die Klage uns erneuern!
Rufet zu geheimen Feiern,
Die Adonis heilig nennen,
Seine Gottheit anerkennen,
Die die Weihen sich erworben,
Denen auch der Gott gestorben.

Brecht die dunkle Anemone,
Sie, die ihre Blätterkrone
Sinnend still herunter beuget,
Leise sich zur Tiefe neiget,
Forschend ob der Gott auf Erden
Wieder soll geboren werden!

Brechet Rosen; jede Blume
Sei verehrt im Heiligtume,
Forscht in ihren Kindermienen,
Denn es schläft der Gott in ihnen;
Uns ist er durch sie erstanden
Aus des dumpfen Grabes Banden.
Wie sie leis hervor sich drängen,
Und des Hügels Decke sprengen,
Ringet aus des Grabes Engen
Sich empor verschloßnes Leben;
Tod den Raub muß wiedergeben,
Leben wiederkehrt zum Leben.
Also ist der Gott erstanden
Aus des dumpfen Grabes Banden.

## Gebet an den Schutzheiligen

Den Königen aus Morgenlanden
Ging einst ein hell Gestirn voran,
Und führte treu sie ferne Pfade
Bis sie das Haus des Heilands sahn.

So leuchte über meinem Leben,
Laß glaubensvoll nach dir mich schaun,
In Qualen, Tod und in Gefahren
Laß mich auf deine Liebe traun.

Mein Auge hab ich abgewendet
Von allem was die Erde gibt,
Und über alles was sie bietet
Hab ich dich, Trost und Heil, geliebt.

Dir leb ich, und dir werd ich sterben,
Drum lasse meine Seele nicht,
Und sende in des Lebens Dunkel
Mir deiner Liebe tröstlich Licht.

O, leuchte über meinem Leben!
Ein Morgenstern der Heimat mir,
Und führe mich den Weg zum Frieden,
Denn Gottes Friede ist in dir.

Laß nichts die tiefe Andacht stören,
Das fromme Lieben, das dich meint,
Das, ob auch Zeit und Welt uns trennen,
Mich ewig doch mit dir vereint.

Da du erbarmend mich erkoren,
Verlasse meine Seele nicht,
O Trost und Freude! Quell des Heiles!
Laß mich nicht einsam, liebes Licht!

## Die Malabarischen Witwen

Zum Flammentode gehn an Indusstranden
Mit dem Gemahl, in Jugendherrlichkeit,
Die Frauen, ohne Zagen, ohne Leid,
Geschmücket festlich, wie in Brautgewanden.

Die Sitte hat der Liebe Sinn verstanden,
Sie von der Trennung harter Schmach befreit
Zu ihrem Priester selbst den Tod geweiht,
Unsterblichkeit gegeben ihren Banden.

Nicht Trennung ferner solchem Bunde droht,
Denn die vorhin entzweiten Liebesflammen
In einer schlagen brünstig sie zusammen.

Zur süßen Liebesfeier wird der Tod,
Vereinet die getrennten Elemente,
Zum Lebensgipfel wird des Daseins Ende.

## Die eine Klage

Wer die tiefste aller Wunden
Hat in Geist und Sinn empfunden
Bittrer Trennung Schmerz;
Wer geliebt was er verloren,
Lassen muß was er erkoren,
Das geliebte Herz,

Der versteht in Lust die Tränen
Und der Liebe ewig Sehnen
Eins in Zwei zu sein,
Eins im Andern sich zu finden,
Daß der Zweiheit Grenzen schwinden
Und des Daseins Pein.

Wer so ganz in Herz und Sinnen
Konnt ein Wesen liebgewinnen
O! den tröstet's nicht
Daß für Freuden, die verloren,
Neue werden neu geboren:
Jene sind's doch nicht.

Das geliebte, süße Leben,
Dieses Nehmen und dies Geben,
Wort und Sinn und Blick,
Dieses Suchen und dies Finden,
Dieses Denken und Empfinden
Gibt kein Gott zurück.

## Ägypten

Blau ist meines Himmels Bogen,
Ist von Regen nie umzogen,
Ist von Wolken nicht umspielt,
Nie vom Abendtau gekühlt.

Meine Bäche fließen träge
Oft verschlungen auf dem Wege,
Von der durst'gen Steppen Sand,
Bei des langen Mittags Brand.

Meine Sonn ein gierig Feuer,
Nie gedämpft durch Nebelschleier,
Dringt durch Mark mir und Gebein
In das tiefste Leben ein.

Schwer entschlummert sind die Kräfte,
Aufgezehrt die Lebenssäfte;
Eingelullt in Fiebertraum
Fühl ich noch mein Dasein kaum.

## Der Nil

Aber ich stürze von Bergen hernieder,
Wo mich der Regen des Himmels gekühlt,
Tränke erbarmend die lechzenden Brüder
Daß sich ihr brennendes Bette erfüllt.

Jauchzend begrüßen mich alle die Quellen;
Kühlend umfange ich, Erde, auch dich;

Leben erschwellt mir die Tropfen, die Wellen,
Leben dir spendend umarme ich dich.

Teueres Land du! Gebärerin Erde!
Nimm nun den Sohn auch den liebenden auf,
Du, die in Klüften gebar mich und nährte,
Nimm jetzt, o Mutter! den Sehnenden auf.

## Eine persische Erzählung

Rasend am Altar des Feuers
Ormuzd Priester war geworden;
Aber als der Morgen helle
Gülden aus dem Osten blickte,
Kehrte Ruh in seine Seele.
Laut rief er dem Opferknaben:
»Siehe wie der Morgen pranget.
Licht hat endlich obgesieget,
Siegend werden nie zur Erde
Wieder sich die Schatten senken.«
Trost erfüllet sprach's der Alte,
Kniete nieder am Altare,
Betend auf zum Gott des Lichtes
Preisend ihn, des frohen Sieges,
Angetan in hellen Kleidern
Zwölf der Stunden täglich feiern.
Aber als die Zwölf im Weste
Trübe sich begunt zu färben,
Leis verglomm im Abendstrahle,
Ormuzd Priester ward da stille,

Sorgend blickt er auf zum Himmel
Forschend was die Zeit gebäre. –
Dunkel kam heran geschritten,
Zagend streift es, blaß und ängstlich,
Mutig ward's dann, dehnt sich mächtig,
Wuchs und deckt mit Riesengliedern
Siegreich bald die niedren Täler,
Reiht sich um den Stern des Tages,
Drängt ihn hastig hin zum Weste. –
Ormuzd Priester rief der Sonne,
Tapfer sich im Kampf zu zeigen,
Heftig rief er, Wahnsinn betend.
Aber das Gestirn des Lichtes
Bettet sich im Weste stille.
Rasend, zitternd, sah's der Alte
Raffte sich empor vom Boden
Eilte nach dem nahen Meere. –
Glänzend aus der Fluten Spiegel
Luna kam heraufgeschritten;
Feucht ihr Haar, vom Meer noch träuflend,
Taubeglänzet ihre Wange,
Blickte sie zur Erde nieder.
Da ergrimmte Ormuzd Priester,
Nahm den Bogen, nahm die Pfeile,
Eilte zu des Felsen Gipfel,
Achtet nicht der schroffen Höhe,
Drunten nicht des Meeres Brausen,
Nimmt der Pfeile schärfsten, zielet
Hoch zum Mond, dem Herz der Nächte;
Schwirrend reißt ihn da die Senne
Seines Bogens hin zur Tiefe,
Sterbend büßt er sein Erkühnen. –
Mitleidsvoll ihm Mitra lächlet;

Aber gütig nimmt das Dunkel
Auf in seinem heil'gen Schoße
Freundlich den verirrten Kranken,
Daß im Arm der Mitternächte
Schweren Wahnsinns er genese.

## Orphisches Lied

Höre mich Phoibos Apoll! Du, der auf bläuligem Bogen
Siegreich schreitet herauf an wölbichter Feste des Himmels,
Spendend die heilige Helle der wolkenerzeugenden Erde,
Leuchtend Okeanos hin zur Tiefe des felsichten Bettes,
Höre mich Liebling des Zeus! Sieh gnädig auf deinen Geweihten!
Sei im Gesang mir gewärtig, und lasse der goldenen Leier
Saiten mir klingen, wie dir, wenn mit siegender Lippe du singest
Pythons des schrecklichen Fall dem Chore melodischer Musen,
Oder im Liede besingst ferntreffende Pfeile des Bogens,
Also, o Phoibos Apoll! laß von begeistertem Munde
Strömen mir wogende Rythmen des sinnebeherrschenden Wohllauts,
Daß sich der Wald mit beseele, die Dryas des Baumes mir lausche,

Schlängelnde Ströme mir folgen, und reißende Tiere unschädlich
Schmeichelnd zu mir sich gesellen. Vor allem Erzeugter Kronions!
Gib des Gesanges herrschende Kraft, die drunten gewaltig
Äis den König bewege des Landes am stygischem Strome.
Lehre vergessene Schmerzen mich wecken im Busen der Göttin
Die ein zu strenges Gebot dem düsteren Herrscher vermählet,
Daß sie erbarmend sich zeige dem Schwestergeschick der Geliebten,
Wieder ihr gönne zu schaun des Tages sonnige Klarheit,
Deines unsterblichen Haupts fern leuchtende Strahlen, o Phoibos!

## Überall Liebe

Kann ich im Herzen heiße Wünsche tragen?
Dabei des Lebens Blütenkränze sehn,
Und unbekränzt daran vorüber gehn
Und muß ich traurend nicht in mir verzagen?

Soll frevelnd ich dem liebsten Wunsch entsagen?
Soll mutig ich zum Schattenreiche gehn?
Um andre Freuden andre Götter flehn,
Nach neuen Wonnen bei den Toten fragen?

Ich stieg hinab, doch auch in Plutons Reichen,
Im Schoß der Nächte, brennt der Liebe Glut
Daß sehnend Schatten sich zu Schatten neigen.

Verloren ist wen Liebe nicht beglücket,
Und stieg er auch hinab zur stygschen Flut,
Im Glanz der Himmel blieb er unentzücket.

## Briefe zweier Freunde

### An Eusebio

Mit Freude denk ich oft zurück an den Tag, an welchem wir uns zuerst fanden, als ich dir mit einer ehrfurchtsvollen Verlegenheit entgegentrat wie ein lehrbegieriger Laie dem Hohenpriester. Ich hatte es mir vorgesetzt, dir wo möglich zu gefallen, und das Bewußtsein meines eignen Wertes wäre mir in seinen Grundfesten erschüttert worden, hättest du dich gleichgültig von mir abgewendet; wie es mir aber gelang, dich mit solchem Maße für mich zu gewinnen, begreife ich noch nicht; mein eigner Geist muß bei jener Unterredung zwiefach über mir gewesen sein. Mit ihr ist mir ein neues Leben aufgegangen, denn erst in dir habe ich jene wahrhafte Erhebung zu den höchsten Anschauungen, in welchen alles Weltliche als ein wesenloser Traum verschwindet, als einen herrschenden Zustand gefunden; in dir haben mir die höchsten Ideen auch eine irdische Realität erlangt. Wir andern Sterblichen müssen erst fasten und uns leiblich und geistig zubereiten, wenn wir zum Mahle des

Herrn gehen wollen, du empfängst den Gott täglich ohne diese Anstalten.

Mir, o Freund! sind die himmlischen Mächte nicht so günstig, und oft bin ich mißmutig, und weiß nicht über wen ich es am meisten sein soll, ob über mich selbst, oder über diese Zeit, denn auch sie ist arm an begeisternden Anschauungen für den Künstler jeder Art; alles Große und Gewaltige hat sich an eine unendliche Masse, unter der es beinah verschwindet, ausgeteilt. Unselige Gerechtigkeit des Schicksals! Damit keiner prasse und keiner hungere, müssen wir uns alle in nüchterner Dürftigkeit behelfen. Ist es da auch noch ein Wunder, wenn die Ökonomie in jedem Sinn und in allen Dingen zu einer so beträchtlichen Tugend herangewachsen ist. Diese Erbärmlichkeit des Lebens, laß es uns gestehen, ist mit dem Protestantismus aufgekommen. Sie werden alle zum Kelch hinzugelassen, die Laien wie die Geweihten, darum kann niemand genugsam trinken um des Gottes voll zu werden, der Tropfen aber ist keinem genug; da wissen sie denn nicht was ihnen fehlt, und geraten in ein Disputieren und Protestieren darüber. – Doch was sage ich dir das! Angeschaut im Fremden hast du diese Zeitübel wohl schon oft, aber sie können dich nicht so berühren, da du sie nur als Gegensatz mit deiner eigensten Natur sehen kannst, und kein Gegensatz durch sie in dich selbst gekommen ist. Genug also von dem aufgeblasenen Jahrhundert, an dessen Torheiten noch ferne Zeiten erkranken werden. Rückwärts in schönre Tage laß uns blicken, die gewesen. Vielleicht sind wir eben jetzt auf einer Bildungsstufe angelangt, wo unser höchstes und würdigstes Bestreben sich dahin richten sollte, die großen Kunstmeister der Vorwelt zu verstehen, und mit dem Reichtum und der Fülle ihrer poesiereichen

Darstellungen unser dürftiges Leben zu befruchten. Denn, abgeschlossen sind wir durch enge Verhältnisse von der Natur, durch engere Begriffe vom wahren Lebensgenuß, durch unsere Staatsformen von aller Tätigkeit im Großen. So fest umschlossen ringsum, bleibt uns nur übrig den Blick hinauf zu richten zum Himmel, oder brütend in uns selbst zu wenden. Sind nicht beinahe alle Arten der neuern Poesie durch diese unsere Stellung bestimmt? Liniengestalten entweder, die körperlos hinaufstreben im unendlichen Raum zu zerfließen, oder bleiche, lichtscheue Erdgeister, die wir grübelnd aus der Tiefe unsers Wesens herauf beschwören; aber nirgends kräftige, markige Gestalten. Der Höhe dürfen wir uns rühmen und der Tiefe, aber behagliche Ausdehnung fehlt uns durchaus. Wie Shakespeares Julius Cäsar möcht ich rufen: »Bringt fette Leute zu mir, und die ruhig schlafen, ich fürchte diesen hagern Cassius.« – Da ich nun selbst nicht über die Schranken meiner Zeit hinaus reiche, dünkt es dir nicht besser für mich, den Weg eigner poetischer Produktion zu verlassen, und ein ernsthaftes Studium der Poeten der Vorzeit und besonders des Mittelalters zu beginnen? Ich weiß zwar, daß es mir Mühe kosten wird, ich werde gleichsam einen Zweig aus meiner Natur herausschneiden müssen, denn ich schaue mich am fröhlichsten in einem Produkt meines Geistes an, und habe nur wahrhaftes Bewußtsein durch dieses Hervorgebrachte; aber um etwas desto gewisser zu gewinnen, muß man stets ein anderes aufgeben, das ist ein allgemeines Schicksal, und es soll mich nicht erschrecken. Eins aber hat mir stets das innerste Gemüt schmerzlich angegriffen, es ist dies: daß hinter jedem Gipfel sich der Abhang verbirgt; dieser Gedanke macht mir die Freude bleich in ihrer frischesten Jugend, und mischt in all mein Leben eine unnennbare Wehmut; darum erfreut mich jeder Anfang mehr als das Vollendete, und nichts berührt mich so tief als das Abendrot; mit ihm möcht ich jeden Abend versinken in der gleichen Nacht, um nicht sein Verlöschen zu überleben. Glückliche! denen vergönnt ist zu sterben in der Blüte der Freude, die aufstehen dürfen vom Mahle des Lebens, ehe die Kerzen bleich werden und der Wein sparsamer perlt. Eusebio! wenn mir auch dereinst das freundliche Licht deines Lebens erlöschen sollte, o! dann nimm mich gütig mit, wie der göttliche Pollux den sterblichen Bruder, und laß mich gemeinsam mit dir in den Orkus gehen und mit dir zu den unsterblichen Göttern, denn nicht möcht ich leben ohne dich, der du meiner Gedanken und Empfindungen liebster Inhalt bist, um den sich alle Formen und Blüten meines Seins herumwinden, wie das labyrintische Geäder um das Herz, das sie all' erfüllt und durchglüht.

## Fragmente aus Eusebios Antwort

Gestalt hat nur für uns, was wir überschauen können; von dieser Zeit aber sind wir umfangen, wie Embryonen von dem Leibe der Mutter, was können wir also von ihr Bedeutendes sagen? Wir sehen einzelne Symptome, hören einen Pulsschlag des Jahrhunderts, und wollen daraus schließen, es sei erkrankt. Eben diese uns bedenklich scheinenden Anzeigen gehören vielleicht zu der individuellen Gesundheit dieser Zeit. Jede Individualität aber ist ein Abgrund von Abweichungen, eine Nacht, die nur sparsam von dem Licht allgemeiner Begriffe erleuchtet wird. Darum Freund! weil wir nur wenige Züge von dem unermeßlichen Teppich sehen, an welchem der Erdgeist die Zeiten hindurch webt, darum laß uns bescheiden sein. Es gibt eine Ergebung, in der allein Seligkeit und Vollkommenheit und Friede ist, eine Art der Betrachtung, welche ich Auflösung im Göttlichen nennen möchte; dahin zu kommen laß uns trachten, und nicht klagen um die Schicksale des Universums. Damit du aber deutlicher siehst, was ich damit meine, so sende ich dir hiermit einige Bücher über die Religion der Hindu. Die Wunder uralter Weisheit, in geheimnisvollen Symbolen niedergelegt, werden dein Gemüt berühren, es wird Augenblicke geben, in welchen du dich entkleidet fühlst von dieser persönlichen Einzelheit und Armut, und wieder hingegeben dem großen Ganzen; wo du es mehr als nur denkst, daß alles was jetzt Sonne und Mond ist, und Blume und Edelstein, und Äther und Meer, ein Einziges ist, ein Heiliges, das in seinen Tiefen ruht ohne Aufhören, selig in sich selbst, sich selbst ewig umfangend, ohne Wunsch nach dem Tun und Leiden der Zweiheit, die seine Oberfläche bewegt. In solchen Augenblicken, wo wir uns nicht mehr besinnen können, weil das, was das einzle und irdische Bewußtsein weckt, dem äußern Sinn verschwunden ist unter der Herrschaft der Betrachtung des Innern; in solchen Augenblicken versteh ich den Tod, der Religion Geheimnis, das Opfer des Sohnes und der Liebe unendliches Sehnen. Ist es nicht ein Winken der Natur, aus der Einzelheit in die gemeinschaftliche Allheit zurück zu kehren, zu lassen das geteilte Leben, in welchem die Wesen etwas für sich sein wollen und doch nicht können? Ich erblicke die rechte Verdammnis in dem selbstsüchtigen Stolz, der nicht ruhen konnte in dem Schoß des Ewigen, sondern ihn verlassend seine Armut und Blöße decken wollte mit der Mannigfaltigkeit der Gestalten, und Baum wurde und Stein und Metall und Tier und der begehrliche Mensch.

Ja, auch das o Freund! was sie alle nicht ohne Murren und Zweifeln betrachten mögen; das trübere Alter, ich verstehe seinen höheren Sinn jetzt. Entwicklen soll sich im Lauf der Jahre das persönliche Leben, sich ergötzen im für sich sein, seinen Triumpf feiern in der Blüte der Jugend; aber absterben sollen wir im Alter dieser Einzelheit, darum schwinden die Sinne, bleicher wird das Gedächtnis, schwächer die Begierde, und des Daseins fröhlicher Mut trübt sich in Ahndungen der nahen Auflösung. – Es sind die äußeren Sinne, die uns mannigfaltige Grade unsers Gegensatzes mit der fremden Welt deutlich machen, wenn aber die Scheidewand der Persönlichkeit zerfällt, mögen sie immerhin erlöschen; denn es bedarf des Auges nicht, unser Inneres und was mit ihm eins ist zu schauen; auch ohne Ohr können wir die Melodie des ewigen Geistes vernehmen; und das Gedächtnis ist für die Vergangenheit, es ist das Organ des Wissens von uns selbst im Wechsel der Zeiten. Wo aber nicht Zeit ist, nicht Vergangnes noch Künftiges, sondern ewige Gegenwart, da bedarf's der Erinnerung nicht. Was uns also abstirbt im Alter ist die Vollkommenheit unsers Verhältnisses zur Außenwelt; abgelebt mögen also die wohl im Alter zu nennen sein, die von nichts wußten als diesem Verhältnis. – So fürchte ich höhere Jahre nicht, und der Tod ist mir willkommen; und zu dieser Ruhe der Betrachtung in allen Dingen zu gelangen, sei das Ziel unseres Strebens. – Deutlich liegt deine Bahn vor mir, Geliebtester! denn erkannt habe ich dich vom ersten Augenblick unserer Annäherung, die, das Bewußtsein wird mir immer bleiben, von Gott gefügt war; nie habe ich so das Angesicht eines Menschen zum erstenmal angesehen, nie solch Gefühl bei einer menschlichen Stimme gehabt; und dies Göttliche und Notwendige ist mir immer geblieben im Gedanken an dich; und so weiß ich auch was notwendig ist in dir und für dich, und wie du ganz solltest leben in der Natur, der Poesie und einer göttlichen Weisheit. Ich weiß, daß es dir nicht geziemt dir so ängstliche Studien vorzuschreiben. Die großen Kunstmeister der Vorwelt sind freilich da, um gelesen und verstanden zu werden, aber, wenn von Kunst-Schulen die Frage ist, so sage ich, sie sind da gewesen jene Meister, eben deswegen sollen sie nicht noch einmal wiedergeboren werden; die unendliche Natur will sich stets neu offenbaren in der unendlichen Zeit. In der Fülle der Jahrhunderte ist Brahma oftmals erschienen, aber in immer neuen Verwandlungen; dieselbe Gestalt hat er nie wieder gewählt. So tue und dichte doch jeder das wozu er berufen ist, wozu der Geist ihn treibt, und versage sich keinen Gesang als den mißklingenden. Doch zag ich im Ernste nicht für dich, die strebende Kraft wird den, welchen sie bewohnt, nicht ruhen lassen; es wird ihm oft wehe und bange werden ums Herz, bis die neugeborne Idee gestillet hat des Gebärens Schmerz und Sehnsucht.

Gestern lebte ich ein paar selige Stunden recht über der Erde, ich hatte einen Berg erstiegen, an dessen Umgebungen jede Spur menschlichen Anbaus zu Zweck und Nutzen verschwand; es ward mir wohl und heiter. Zwei herrliche Reiher schwebend über mir badeten ihre sorgenfreie Brust in blauer Himmelsluft. Ach! wer doch auch schon so dem Himmel angehörte, dachte ich da, und klein schien mir alles Irdische. In solchen Augenblicken behält nur das Ewige Wert, der schaffende Genius und das heilige Gemüt; da dacht ich dein, wie immer, wenn die Natur mich berührt; oft gab ich dem Flusse, wenn der Sonne letzte Strahlen ihn erhellen, Gedanken an dich mit, als würden seine Wellen sie zu dir tragen und dein Haupt umspielen. Leb wohl, in meinen besten Stunden bin ich stets bei dir.

## An Eusebio

Eine der größten Epochen meines kleinen Lebens ist vorübergegangen Eusebio! ich habe auf dem Scheidepunkt gestanden zwischen Leben und Tod. Was sträubt sich doch der Mensch: sagte ich in jenen Augenblicken zu mir selbst, vor dem Sterben? Ich freue mich auf jede Nacht indem ich das Unbewußtsein und dunkele Träumen dem hellern Leben vorziehe, warum grauet mir doch vor der langen Nacht und dem tiefen Schlummer? Welche Taten warten noch meiner, oder welche bessere Erkenntnis auf Erden daß ich länger leben müßte? – Eine Notwendigkeit gebiert uns alle in die Persönlichkeit, eine gemeinsame Nacht verschlinget uns alle. Jahre werden mir keine bessere Weisheit geben, und wann Lernen, Tun und Leiden drunten noch Not tut, wird ein Gott mir geben was ich bedarf. So sprach ich mir selbst zu, aber die Gedanken, die ich liebe, traten zu mir, und die Heroen die ich angebetet hatte von Jugend auf: »Was willst du am hohen Mittage die Nacht ersehnen?« riefen sie mir zu! »Warum untertauchen in dem alten Meer, und darin zerrinnen mit allem was dir lieb ist?« So wechselten die Vorstellungen in mir, und deiner gedacht ich, und immer deiner, und fast alles andre nur in Bezug auf dich, und wenn anders den Sterblichen vergönnt ist noch eines ihrer Güter aus dem Schiffbruch des irdischen Lebens zu retten, so hätte ich gewiß dein Andenken mit hinab genommen zu den Schatten. Daß du mir aber könntest verloren sein war der Gedanken schmerzlichster. Ich sagte daß dein Ich und das Meine sollten aufgelöst werden in die alten Urstoffe der Welt, dann tröstete ich mich wieder, daß unsere befreundete Elemente, dem Gesetze der Anziehung gehorchend, sich selbst im unendlichen Raum aufsuchen und zu einander gesellen würden. So wogten Hoffnung und Zweifel auf und nieder in meiner Seele, und Mut und Zagheit. Doch das Schicksal wollte – ich lebe noch. – Aber was ist es doch, das Leben? dieses schon aufgegebene, wiedererlangte Gut! So frag ich mich oft: Was bedeutet es, daß aus der Allheit der Natur ein Wesen sich mit solchem Bewußtsein losscheidet, und sich abgerissen von ihr fühlt? Warum hängt der Mensch mit solcher Stärke an Gedanken und Meinungen, als seien sie das Ewige? Warum kann er sterben für sie, da doch für ihn eben dieser Gedanke mit seinem Tode verloren ist? Und warum, wenn gleichwohl diese Gedanken und Begriffe dahin sterben mit den Individuen, warum werden sie von denselben immer wieder aufs neue hervorgebracht und drängen sich so durch die Reihen des aufeinander folgenden Geschlechtes zu einer Unsterblichkeit in der Zeit? Lange wußt ich diesen Fragen nicht Antwort, und sie verwirrten mich; da war mir plötzlich in einer Offenbarung alles deutlich, und wird es mir ewig bleiben. Zwar weiß ich, das Leben ist nur das Produkt der innigsten Berührung und Anziehung der Elemente; weiß, daß alle seine Blüten und Blätter, die wir Gedanken und Empfindungen nennen, verwelken müssen, wenn jene Berührung aufgelöst wird; und daß das einzele Leben dem Gesetz der Sterblichkeit dahin gegeben ist; aber so gewiß mir dieses ist, eben so über allem Zweifel ist mir auch das andre, die Unsterblichkeit des Lebens im Ganzen; denn dieses Ganze ist eben das Leben, und es wogt auf und nieder in seinen Gliedern den Elementen, und was es auch sei, das durch Auflösung (die wir zuweilen Tod nennen) zu denselben zurück gegangen ist, das vermischt sich mit ihnen nach Gesetzen der Verwandtschaft, d. h. das Ähnliche zu dem Ähnlichen. Aber anders sind diese Elemente geworden, nachdem sie einmal im Organismus zum Leben hinauf getrieben gewesen, sie sind lebendiger geworden, wie zwei, die sich in langem Kampf übten, stärker sind wenn er geendet hat als ehe sie kämpften; so die Elemente, denn sie sind lebendig, und jede lebendige Kraft stärkt sich durch Übung. Wenn sie also zurückkehren zur Erde, vermehren sie das Erdleben. Die Erde aber gebiert den ihr zurückgegebenen Lebensstoff in andern Erscheinungen wieder, bis durch immer neue Verwandlungen, alles Lebensfähige in ihr ist lebendig geworden. Dies wäre, wenn alle Massen organisch würden. –

So gibt jeder Sterbende der Erde ein erhöhteres, entwickelteres Elementarleben zurück, welches sie in aufsteigenden Formen fortbildet; und der Organismus, indem er immer entwickeltere Elemente in sich aufnimmt, muß dadurch immer vollkommener und allgemeiner werden. So wird die Allheit lebendig durch den Untergang der Einzelheit, und die Einzelheit lebt unsterblich fort in der Allheit, deren Leben sie lebend entwickelte, und nach dem Tode selbst erhöht und mehrt, und so durch Leben und Sterben die Idee der Erde realisieren hilft. Wie also auch meine Elemente zerstreut werden mögen, wenn sie sich zu schon Lebendem gesellen, werden sie es erhöhen, wenn zu dem, dessen Leben noch dem Tode gleicht, so werden sie es beseelen. Und wie mir deucht, Eusebio! so entspricht die Idee der Indier von der Seelenwanderung dieser Meinung; nur dann erst dürfen die Elemente nicht mehr wandern und suchen, wann die Erde die ihr angemessene Existenz, die organische, durchgehends erlangt hat. Alle bis jetzt hervorgebrachten Formen müssen aber wohl dem Erdgeist nicht genügen, weil er sie immer wieder zerbricht und neue sucht; die ihm ganz gleichen würde er nicht zerstören können, eben weil sie ihm gleich und von ihm untrennbar wären. Diese vollkommenne Gleichheit des innern Wesens mit der Form kann, wie mir scheint, überhaupt nicht in der Mannigfaltigkeit der Formen erreicht werden; das Erdwesen ist nur eines, so dürfte also seine Form auch nur eine, nicht verschiedenartig sein; und ihr eigentliches wahres Dasein würde die Erde erst dann erlangen, wann sich alle ihre Erscheinungen in einem gemeinschaftlichen Organismus auflösen würden; wann Geist und Körper sich so durchdrängen daß alle Körper, alle Form auch zugleich Gedanken und Seele wäre und aller Gedanke zugleich Form und Leib und ein wahrhaft verklärter Leib, ohne Fehl und Krankheit und unsterblich; also ganz verschieden von dem was wir Leib oder Materie nennen, indem wir ihm Vergänglichkeit, Krankheit, Trägheit und Mangelhaftigkeit beilegen, denn diese Art von Leib ist gleichsam nur ein mißglückter Versuch jenen unsterblichen göttlichen Leib hervorzubringen. – Ob es der Erde gelingen wird sich so unsterblich zu organisieren, weiß ich nicht. Es kann in ihren Urelementen ein Mißverhältnis von Wesen und Form sein das sie immer daran hindert; und vielleicht gehört die Totalität unsers Sonnensystems dazu um dieses Gleichgewicht zustand zu bringen; vielleicht reicht dieses wiederum nicht zu, und es ist eine Aufgabe für das gesamte Universum.

In dieser Betrachtungsweise Eusebio! ist mir nun auch deutlich geworden was die großen Gedanken von Wahrheit, Gerechtigkeit, Tugend, Liebe und Schönheit wollen, die auf dem Boden der Persönlichkeit keimen und ihn bald überwachsend sich hinaufziehen nach dem freien Himmel, ein unsterbliches Gewächs das nicht untergehet mit dem Boden auf dem es sich entwickelte, sondern immer neu sich erzeugt im neuen Individuum, denn es ist das Bleibende, Ewige, das Individuum aber das zerbrechliche Gefäß für den Trank der Unsterblichkeit. – Denn, laß es uns genauer betrachten Eusebio, alle Tugenden und Trefflichkeiten sind sie nicht Annäherungen zu jenem höchst vollkommnen Zustand so viel die Einzelheit sich ihm nähern kann? Die Wahrheit ist doch nur der Ausdruck des sich selbst Gleichseins überhaupt, vollkommen wahr ist also nur das Ewige, das keinem Wechsel der Zeiten und Zustände unterworfen ist. Die Gerechtigkeit ist das Streben in der Vereinzelung unter einander gleich zu sein. Die Schönheit ist der äußere Ausdruck des erreichten Gleichgewichtes mit sich selbst. Die Liebe ist die Versöhnung der Persönlichkeit mit der Allheit, und die Tugend aller Art ist nur eine, d. h. ein Vergessen der Persönlichkeit und Einzelheit für die Allheit. Durch Liebe und Tugend also wird schon hier auf eine geistige Weise der Zustand der Auflösung der Vielheit in der Einheit vorbereitet, denn wo Liebe ist, da ist nur Ein Sinn, und wo Tugend, ist einerlei Streben nach Taten der Gerechtigkeit, Güte und Eintracht. Was aber sich selbst gleich ist, und äußerlich und innerlich den Ausdruck dieses harmonischen Seins an sich trägt, und selbst dieser Ausdruck ist, was Eins ist und nicht zerrissen in Vielheit, das ist gerade jenes Vollkommene, Unsterbliche und Unwandelbare, jener Organismus, den ich als das Ziel der Natur, der Geschichte und der Zeiten, kurz des Universums betrachte. Durch jede Tat der Unwahrheit, Ungerechtigkeit und Selbstsucht wird jener selige Zustand entfernt, und der Gott der Erde in neue Fesseln geschlagen, der seine Sehnsucht nach besserem Leben in jedem Gemüt durch Empfänglichkeit für das Treffliche ausspricht, im verletzten Gewissen aber klagt, daß sein seliges, göttliches Leben noch fern sei.

## Geschichte eines Braminen

»Ich bin«, sagte Almor, »in Smirna geboren. Mein Vater, ein Franzose und reicher Kaufmann, der von der Christlichen zur Mahomedanischen Religion übergegangen war, behandelte mich, so selten ich auch vor ihm erschien, kalt und unfreundlich, und meine Mutter war vor meiner Erinnerung gestorben. Ich fühlte mich recht verlassen und oft tief erbittert durch meinen Vater. Kinder, wenn sie schon anfangen, das Leben mit den Augen ihres Geistes zu betrachten, werden von den Gewohnheiten, Verhältnissen und Foderungen der menschlichen Gesellschaft beängstigt, und nur die sanfte Hand guter Eltern kann sie ohne große Schmerzen in die ungewohnten Schranken des bürgerlichen und häuslichen Lebens einführen. Durch die Eltern spricht die Natur zuerst zu den Kindern. Wehe den armen Geschöpfen, wenn diese erste Sprache kalt und lieblos ist!

Da sich mir mehr unangenehme Gegenstände des Nachdenkens darboten, als angenehme, so entsagte ich ihm bald ganz; selbst die Zeremonien des mahomedanischen Gottesdienstes, die ich täglich mitmachen mußte, erregten meine Neugierde, deren Sinn zu verstehen, nicht. Mein Vater hatte oft gesagt, die Religionen seien zwar nützliche politische Einrichtungen, allein für den einzelnen Aufgeklärten höchst überflüssig; der Zeremoniendienst war mir ohnehin beschwerlich, ich gab also diesem Ausspruche aus Bequemlichkeit meinen ganzen Beifall.

Sechszehn Jahre war ich alt, als mich mein Vater (welcher haben wollte, ich solle Kaufmann werden) zu einem Handelsfreund in eine der größten Städte Europens sandte. Der Eindruck, welchen die Neuheit so vieler Gegenstände auf meine Seele machte, war nicht bedeutend, denn ich betrachtete die Dinge mehr mit den Augen, als mit dem Geiste.

Ich war genötiget, die meisten Stunden des Tages mit Geschäften auszufüllen; diejenigen, die mir übrig blieben, wandte ich dazu an, mir Vergnügen zu machen. Ich besuchte Schauspiele, schöne Frauen, und ging mit leichtsinnigen jungen Männern um; dennoch blieb mir eine gewisse Verlegenheit und Ungeschicklichkeit im gesellschaftlichen Leben, die wir Morgenländer selten ablegen, weil unsere Lebensart sehr ungesellig ist.

Mehrere Jahre waren so vergangen, in welchen ich nichts Höheres kannte als Geld erwerben, um es auf eine angenehme Art wieder auszugeben. Die Nachricht von dem Tode meines Vaters brachte mich zuerst zu einiger Besinnung. Ich beklagte seinen Tod nicht, aber ich betrauerte meine Unempfindlichkeit bei seinem Verlust, und machte mir im Herzen Vorwürfe darüber. Ein neuer Umstand kam hinzu, meinen Geist aus seinem Schlummer zu erwecken; der Kaufmann, für den ich arbeitete, verlor fast sein ganzes Vermögen, er und seine Gattin brachten Tage lang mit mir in dem größten Kummer darüber hin, und wir entwarfen hundert vergebliche Plane, das Übel abzuwenden. Nachdem ich mich fast stumpf über die Mittel, diese Leute zu retten, gedacht hatte, sagte ich zu mir selber: Sind denn Reichtümer und

Vergnügen der Sinne die einzigen wünschenswerten Güter? Diese Frage öffnete plötzlich die mir noch unbekannten Tiefen meines eigenen Gemütes; ich stieg hinab in eine Menge von Gedanken, wie in eine Felsenhöhle, in welcher immer neue und frische Quellen sprudeln. Ich war schon lange auf Erden, jetzt fing ich an zu leben, und die Flügel meines Geistes wagten den ersten Flug. Die mir bisher unsichtbare moralische Welt enthüllte sich mir, ich sah eine Gemeinschaft der Geister, ein Reich von Wirkung und Gegenwirkung, eine unsichtbare Harmonie, einen Zweck des menschlichen Strebens und ein wahres Gut. Verloren war ich für meine Berufsarbeiten seit dem Augenblick, da ich dies schöne Land gefunden hatte, ich gab sie auf, denn erst wollte ich wissen, wer ich sei? was ich sein solle? welche Stelle mir gebühre? und welche Gesetze in dem Reiche herrschten, dessen Bürger ich werden wollte? ehe ich meiner Tätigkeit einen Kreis bestimmte.

Zuerst betrachtete ich meine Natur und Bestimmung abgesondert, und nur in Rücksicht auf mich selbst; ich fand, daß ohne Weisheit und Tugend die Wohlfahrt meines Geistes nicht bestehen könne; ich fand, daß Weisheit und Tugend die Gegenstände meines höchsten Strebens, durch Beherrschung der Sinnlichkeit, der Leidenschaften, und durch Übung der Kräfte in edler und nützlicher Tätigkeit erlangt werden könnten. Betrachtete ich mich als Bürger des moralischen Reiches, so fand ich mich verpflichtet, dessen Wohlfahrt wie die eigne, nach allen Kräften zu befördern, ihr alles zu opfern, und mich als ihr Eigentum zu betrachten.

Mit welcher Freude trat ich aus dem engen Kreis zugemessener täglicher Arbeiten in die freie Tätigkeit eines denkenden Wesens, das sich selbst einen Zweck seines

Tuns setzt, aus dem beschränkten persönlichen Eigennutz in die große Verbrüderung aller Menschen, zu aller Wohl. Das bloß mechanische und tierische Leben, dem ich entronnen war, lag wie ein dumpfer Kerker hinter mir; ich trat in jedem Sinne in die Welt, und übte meine Kraft in mancher Selbstüberwindung, in mancher schweren Tugend. Durch sorgfältige Betrachtung lernte ich bald alles Menschliche im Menschen kennen, aber das Göttliche war mir noch nicht offenbar.

Meine stolze Vernunft maßte sich bald die Alleinherrschaft in mir an; sie wollte, alles solle vernünftig sein. Diese Foderung verwickelte mich natürlich in beständige Zwistigkeiten mit mir selbst und der Welt; die Widerspenstigkeiten meiner eignen Natur gegen ihre Gebote machten mich unzufrieden mit mir; der beständige Kampf der Welt gegen ihre Foderungen verwirrte mich, eine klügelnde Kritik fand alles tadelnswürdig, nichts konnte dieser Vernunft genügen. Einst hatte ich ihr ein großes Opfer gebracht, lange Zeit war ich im Nachdenken darüber verloren; endlich sprach eine innere Stimme zu mir: Warum ist denn alles gut, was auf Erden ist, nur der Mensch nicht? Warum soll er allein anders werden, als er ist? Ist nur *der* tugendhaft, der auf den Ruinen seines eignen Geistes steht und sagen kann: Seht, diese hatten sich empört, aber sie sind gefallen, ich bin Sieger worden über sie alle! – Barbar! freue dich nicht deines Siegs, du hast einen Bürgerkrieg geführt, die Überwundenen waren Kinder deiner eignen Natur, du hast dich selbst getötet in deinen Siegen, du bist gefallen in deinen Schlachten. Ich konnte dieser Stimme nichts entgegensetzen, als die Unordnung, in welche die moralische Welt geraten würde, wenn keiner gegen seine Neigungen kämpfen wollte. Aber diese Antwort genügte mir nicht;

der Friede, mit solchen Opfern erkauft, war mir zu teuer, und ich konnte den Gedanken nicht mehr ertragen, mich teilweise zu vernichten, um mich teilweise desto besser erhalten zu können. Wie kann ich wissen, fuhr ich zu denken fort, was zu der eigentlichen Natur und Harmonie meines Wesens gehört, und was durch Erziehung und Verhältnisse Fremdes in mich übertragen wurde? Vielleicht, wenn mein Gemüt noch unvermischt von fremdem Zusatz wäre, vielleicht gäbe es dann in mir kein Sollen, keine Ertötung des Einen, damit das Andre besser gedeihe. Gewiß nur die Welt, ihre Verwirrungen, der Strom ihres tiefen Verderbens, die feige Gefälligkeit, die sie uns oft auferlegt, haben mich mir selber entrückt, und mich zu einem Wesen von widersprechender Natur gemacht. Von dem Augenblick an, da mir dies klar wurde, entriß ich mich allen Verhältnissen mit den Menschen, ich verließ sogar Europa und ging zurück in mein Vaterland; dort wollte ich in stiller Betrachtung meine Seele reinigen von allem Fremden, und wieder ganz ich selbst werden.

Mit welcher Freude sah ich Asien wieder! Eine laue Luft trug mir den feinsten Duft der Spezereien des Morgenlandes entgegen. Syriens stille Küste badete sich im heißen Mittelmeer, und Abendwolken ruhten auf den Gipfeln der Berge; eine bedeutende Inschrift am Eingange dieses Landes, in welchem sich von jeher Irdisches und Himmlisches, Menschliches und Göttliches, so nahe berührt haben.

Ich wählte mir einen Palmenwald am persischen Meerbusen zum Aufenthalt. Dieser stille Ort diente mir zum Hafen gegen die Untiefen und Klippen der Welt; aber es ist nicht so leicht, sich von ihr zu scheiden. Tausend geheime Bande knüpfen uns an sie, und der Entschluß, der uns von ihr trennt, ist nicht viel kleiner, als der Schritt von dem diesseitigen Leben in das jenseitige.«

»Ich kann«, unterbrach Lubar den Erzähler, »diesen Schritt ebenso wenig gut heißen, als den Selbstmord; beide sind für die menschliche Gesellschaft gleich nachteilig, und was würde aus ihr werden, wenn sich jeder erlauben wollte, sich für sie zu töten?«

»Junger Freund!« erwiderte Almor, »es kann und wird nicht jeder tun was ich tat, und nicht jedem ziemt es; denn so verschieden die äußere Bildung der Menschen ist, so verschieden ist auch ihre innere Natur, ihr Leben und ihre Wünsche. Den einen bildet die Welt, ihr Gewirre macht ihn gewandt, ihr Widerstand übt seine Kraft. Ein Andrer bildet die Welt, und seine Taten wirken fort in ihr, wenn er auch schon längst aufgehört hat; diese und ähnliche Naturen gehören ihr an, sie können und dürfen sich ihr nicht entziehen. Ganz anders ist es mit mir, ich war nie von den Ihrigen, es war gleichsam nur eine Übereinkunft, nach welcher sie mir gab, was mir von ihren Gütern unentbehrlich war, nach welcher ich ihr gab was ich konnte. Diese Übereinkunft ist zu Ende, sie kann mir nichts mehr geben, ihr Geräusch macht mich taub für die Sprache meines eignen Geistes, ihre Verhältnisse verwirren mich, ich ginge in ihr nutzlos verloren. Hier in dieser stillen Einsamkeit habe ich meine Eigenheit, meinen Frieden, meinen Gott gefunden, und tausend Geisterstimmen reden Offenbarungen zu mir, die ich im Getümmel des Lebens nicht vernehmen könnte.

Der Kampf (fuhr Almor in seiner Erzählung fort) des Einzelnen mit der Gesellschaft, der Freiheit gegen die Freiheit, der Eigenheit gegen allgemeine Gesetze, und der Moral gegen ihre Hindernisse, hörten auf mich so sehr zu beschäftigen und zu quälen. Schon lange war es mir klar geworden, daß das Recht der Grund der bürgerlichen, und die Sittlichkeit der Grund der menschlichen Gesellschaft seien. Diese beiden Beziehungen hatten mir ehemals genügt; ich hatte gesucht, alle Punkte meines Gemütes mit ihnen in Berührung zu bringen; jetzt entdeckte ich Anlagen in mir, denen diese endlichen Beziehungen nicht mehr genügen wollten, mein Verstand wollte immer mehr und unersättlich wissen, meine Einbildungskraft suchte ein weiteres Feld für ihre Schöpfungen, meine Begierde einen unendlichen Gegenstand ihres Strebens, und mein innerer Sinn ahndete eine unsichtbare und geheimnisvolle Verbindung mit etwas, das ich noch nicht kannte, und dem ich gerne Gestalt und Namen gegeben hätte. Ich sahe hinauf in die Sterne, und fand es traurig, daß mein Auge so gerne hinsehe, und doch an die Erde gefesselt sei; ich liebte das Morgenrot, daß ich zu seinen Umarmungen hätte auffliegen, und die wogende See, daß ich mich in ihre Tiefen hätte stürzen mögen. In dieser Sehnsucht, in dieser Liebe sprach der Naturgeist zu mir, ich hörte seine Stimme wohl, aber ich wußte noch nicht, wo sie herkäme; je mehr ich aber darauf lauschte, desto deutlicher war es mir, daß es eine Grundkraft gäbe, in welcher alle, Sichtbare und Unsichtbare, verbunden seien. Ich nannte diese Kraft das Urleben, und suchte mein Bewußtsein in Verbindung mit ihr zu bringen, (denn eine mir geheimnisvolle und unbewußte Abstammung von ihr schien mir gewiß;) ich suchte mir allerlei Pfade, zu ihr aufzusteigen, von dem Irdischen zum Himmlischen; die Religion schien mir endlich dieser Pfad zu sein. Ein Spruch aus dem Koran, der mir einst einfiel, brachte mich auf diesen Gedanken; mit Liebe und Eifer studierte ich Mahomeds

Lehre und sein Leben. Mein Geist ging in Betrachtung des seinigen über; ich sah, wie früh in seiner Seele das Bewußtsein göttlicher Dinge gekeimt sei, wie eine mächtige Sehnsucht ihn getrieben, diesen Zweig vom ewigen Lebensbaum dem verwitterten Stamm seines Volkes einzuimpfen, wie aber dieses zarte Gewächs, das nur in einem durch Sittlichkeit und Kultur gereinigten Boden blühen und Früchte tragen kann, eine veränderte und fremdartige Gestalt und Natur angenommen habe; sah seine Versuche, durch Gesetze, durch Hoffnung auf den Himmel und Furcht vor der Hölle, einen Grund von Sittlichkeit in ihren rohen Gemütern zu legen; sah endlich, wie Ehrgeiz, eine zügellose Einbildungskraft, und die Gewalt der Umstände ihn verführt hatten, unheilige Mittel und Zwecke mit dem Heiligen zu verbinden. Nachdem ich so gesehen, wie der Weltgeist sich in diesem Individuum abgespiegelt hatte, ging ich zur Betrachtung seines Bildes in den Geistern anderer Religionsdarsteller über; ich durchging Zoroasters, Confutsees, Moses und Christus Lehren, die Überbleibsel der ägyptischen Priesterweisheit, und der Hindu heilige Mythen.

So verschieden der Geist aus diesen allen gesprochen hat, habe ich doch nur einen Sinn in diesen Formen gefunden, mit dem sich der Meinige innigst verbunden hat, wodurch er erweitert und verstärkt wurde.

Du verlangst von mir, junger Freund! daß ich dich einführe in die Tore des ewigen Tempels der Religion. Wisse! seine Aufschrift ist Unendlichkeit, und die Sprache ist endlich. Doch will ich versuchen, die heilige Bildsäule der Isis zu Sais (unter der die Worte: ›Ich bin, was da ist, was war und sein wird‹ standen) vor dir zu entschleiern; so dir aber der innere Sinn nicht aufgeht für die Göttin, so wirst du sie nicht schauen, weder durch deine Vernunft, noch durch dein Wissen.

Es ist eine unendliche Kraft, ein ewiges Leben, das da alles ist, was ist, was war und werden wird, das sich selbst auf geheimnisvolle Weise erzeugt, ewig bleibt bei allem Wandeln und Sterben. Es ist zugleich der Grund aller Dinge, und die Dinge selbst, die Bedingung und das Bedingte, der Schöpfer und das Geschöpf, und es teilt und sondert sich in mancherlei Gestalten, wird Sonne, Mond, Gestirne, Pflanzen, Tier und Mensch zugleich, und durchfließt sich selber in frischen Lebensströmen und betrachtet sich selber im Menschen in heiliger Demut. Diese Anschauung der Dinge, die Anschauung ihres Urgrundes, ist die innerste Seele der Religionen, verschieden individualisiert in jedem Individuum; aber durchgehe sie selbst, die Religionsysteme alle, in allen wirst du finden ein Unendliches, Unsichtbares, aus dem das Endliche und Sichtbare hervorging, ein Göttliches, das Mensch wurde, ein Übergehen aus dem zeitlichen Leben in das ewige. Der Sinn für dies ewige Leben ist mir schon hier aufgegangen in religiöser Betrachtung, darum ist mir das Zeitliche in gewissem Sinne so gering geworden, und mein Geist hat die Dinge ganz anders geordnet.

Verhaßt ist mir nun die Philosophie geworden, die jeden Einzelnen als Mittel für das Ganze betrachtet, das doch nur aus Einzelnen besteht, die immer fragt, was dies oder jenes nütze für die Andern? Und die jeden als eine Frucht betrachtet, die geblüht habe und gereift sei, um von dem Ganzen verzehrt zu werden; die die verschiedensten Naturen in einen Garten pflanzen, und den Eichbaum und die Rose nach einer Regel ziehen will. Mir ist jeder Einzelne heilig, er ist Gottes Werk, er ist sich selbst Zweck. Wird er, was er seiner Natur nach werden kann, so hat er genug getan, und was er den Andern genützt, ist Nebensache. Jede Eigenheit ist mir heilig; was der Welt gehört von uns, unser Handeln in ihr möge sich nach ihrem Gesetz richten und nach ihrer Ordnung, aber kein fremdes Gesetz berühre die innere Freiheit meines Geistes, störe die eigne Natur meines Gemütes, die, wenn sie vollendet wäre, eine reine Harmonie ohne Mißlaut sein würde. – Ja, es muß eine Zeit der Vollendung kommen, wo jedes Wesen harmonisch mit sich selbst und mit den andern wird, wo sie ineinander fließen, und eins werden in einem großen Einklang, wo jede Melodie hinstürzt in die ewige Harmonie.

Wie dem bloß tierischen Leben Gesundheit, Erhaltung, Fortpflanzung das Höchste sind, so ist Humanität im weitesten Sinne des Worts (nach welchem es Sittlichkeit und Kultur mit begreift) das Höchste für den Menschen als Menschen; als solcher hat er die Menschheit zum Gegenstand. Sein reines Verhältnis zu ihr, die Moralität, besteht in sich, genügt sich selbst, und bedarf keiner andern Motive noch Aussichten als sich und die Menschheit. Wer irgend einer Art von Religion zur Stütze seiner Sittlichkeit bedarf, dessen Moralität ist nicht rein, denn diese muß ihrer Natur nach in sich selbst bestehen. So kann der Mensch die Religion entbehren, und, bloß als Mensch betrachtet, reicht seine Aussicht nicht in ihr Gebiet; aber der Geist sucht das Geistige, sein Durst forscht nach der Quelle des Lebens, er sucht für seine Kräfte, die auf Erden kein Verhältnis finden, ein Überirdisches, für sein geistiges Auge einen unendlichen Gegenstand der Betrachtung, und er findet dies alles in der Religion; sie ist ihm das Höchste, und sein Leben in ihr ist ein rein geistiges. So lebt der

Mensch dreifach: tierisch, dies ist sein Verhältnis zur Erde; menschlich, dies ist seine Beziehung zur Menschheit; geistig, dies ist seine Beziehung zum Unendlichen, Göttlichen. Wer auf eine dieser drei Arten nicht lebt, hat eine Lücke in seiner Existenz, und es geht ihm etwas verloren von seinen Anlagen. –

Diese neue Ansicht der Dinge brachte meinem Gemüt den ewigen Frieden. Die persischen Palmwälder waren mir ein Elysium, aber eine gewisse Sehnsucht trieb mich, Indien zu sehen; ich wanderte gen Tibet hinauf, durch des Mustags Klüfte und Täler, und den Ganges hinunter bis dahin, wo er seine heilige Wasser in den bengalischen Meerbusen ergießt, und wieder zurück nach Dehli, der alten Hauptstadt der mongolischen Sultane. Unfern von dieser Stadt lernte ich einen weisen Braminen kennen, der mich bald lieb gewann, mich zu sich aufnahm in seine Wohnung an den Ufern des Ganges, und mich unterrichtete in der Sanskritasprache. Wir machten zusammen Wanderungen in die entferntesten Gegenden Indiens, und forschten nach Denkmälern der vergangenen Herrlichkeit dieses Landes.

Eine heiße Liebe zu seinem Volk beseelte den Braminen, er trauerte über dessen Fall, als sei es sein eigner, und weidete sich an dessen voriger Größe; und der lebhafte Anteil, den auch ich daran nahm, machte mich ihm immer lieber; er lehrte mich die Geschichte seines Vaterlandes genauer kennen, und mit Erstaunen sah ich, daß Indiens Kultur in ein Altertum hinauf reicht, wo die Zeitrechnungen anderer Völker noch ungeboren sind. ›Mögen‹, sagte er einst zu mir, ›die stolzen Europäer sich rühmen, der Mittelpunkt der gebildeten und aufgeklärten Welt zu sein, im Morgenlande ist doch jede Sonne aufgegangen, die die Erde erleuchtet und erwärmet hat;

später und bleicher sendet sie ihre Strahlen dem Abendlande. Der Nebel der Vergessenheit umschleiert die Gräber unserer Vorwelt, nur wenige große Gestalten schimmern hindurch; unsere siegreichen Götter sind geflohen, wir sind zertreten von den rohen Mongolen, wir sterben langsam durch die gewinnsüchtigen Europäer. Jede Volksgröße scheint ein Frühling, der nur einmal kömmt, und dann entfliehet, um andere Zonen zu beglücken.‹

Je mehr ich diesen Menschen kennen lernte, desto mehr fand ich einen wahren Priester, einen Mittler zwischen Gott und den Menschen in ihm. Göttliches und Menschliches waren in seinem Gemüte auf das Innigste und Schönste verknüpft. Die Erde war ihm heilig wie ein Vorhof des Himmels, ihr buntes Getümmel verwirrte ihn nicht, alles entwickelte sich klar vor seinem Geiste, und er blieb rein und unschuldig in den Strudeln des Verderbens. Er stand, wie Moses, auf einem hohen Berge, dahin ihm keiner folgen konnte, und Gott sprach zu ihm, und durch ihn, zu den Menschen. Bald vergaß er, daß ich ein Fremder sei, und weihte mich ein in die Weisheit der Braminen. Er lehrte mich, wie in jedem Teile des unendlichen Naturgeistes die Anlage zu ewiger Vervollkommnung läge, wie die Kräfte wanderten durch alle Formen hindurch, bis sich Bewußtsein und Gedanke im Menschen entwickelten; wie von dem Menschen an, eine unendliche Reihe von Wanderungen, die immer zu höherer Vollkommenheit führten, der Seelen warteten; wie sie endlich auf geheimnisvolle Weise sich alle vereinigten mit der Urkraft, von der sie ausgegangen, und eins mit ihr würden, und doch zugleich sie selbst blieben, und so die Göttlichkeit und Universalität des Schöpfers mit der Individualität des Geschöpfes vereinigten. Er lehrte mich, wie eine Gemeinschaft bestehe zwischen den Menschen, denen der innere Sinn aufgegangen sei, und dem Weltgeiste. ›Ich habe‹, sprach er zu mir, ›Monden und Jahre verlebt, in welchen der Geist nur geschwiegen hat, aber plötzlich hat er zu mir geredet in hohen Offenbarungen, dann wurden mir in einem Augenblick Dinge begreiflich, die ich Jahre lang zu verstehen umsonst gestrebt hatte. Eine neue und ganz andere Bedeutung hatten dann die Erscheinungen um mich her, ein frischer Lebensquell floß durch meine Brust, meine Gedanken flogen kühner, rascher; es war mir dann wie einem, der in öder Einsamkeit fast der Sprache Töne vergessen hat, und zu dem ein guter und großer Mensch tritt und freundlich zu ihm redet. Wann aber die Stimme schwieg, wann sich das Himmelsfenster schloß, durch welches göttliche Klarheit in meine dunkle Seele gekommen war, dann war ich sehr traurig, und ich konnte mich über nichts freuen, als über die Erinnerung des Lichts, das ich gesehen hatte.‹

Ein zwiefaches Leben schien in dem Greis zu wohnen, wenn er so sprach, und ein Funke seines Geistes ging in den meinigen über. Ich konnte ihn nicht verlassen, überall begleitete ich ihn, einige Sommernächte ausgenommen, die er mit einem alten Braminen in den Trümmern eines indischen Tempels am Ganges in geheimnisvollen Weihen und Zeremonien seiner Religion zubrachte. Von einer dieser Wanderungen kam er einst sehr ermüdet und bleich zurück, und befahl mir und seiner siebenjährigen Tochter Lasida, ihn in den Schatten einiger Palmen, die am Ganges standen, und über die sich ein hoher mit Inschriften bekleideter Fels bog, zu begleiten; er setzte sich nieder in den Schatten der Bäume, und hatte lange die Kraft nicht, zu reden. Endlich sagte er mit schwacher Stimme: ›Almor! sei du der Vater meiner Lasida, wenn ich gestorben bin, wohne bei ihr, und erzähle ihr von mir, ich möchte wohl in ihrer Liebe fortleben. Du Almor, lebe wohl! für dich werd ich nicht sterben, denn mein Geist wirkt fort in dir. Noch einmal, lebe wohl! und laß mich allein; ich möchte in ungestörter Betrachtung des Todes sterben, möchte stille meinen Geist in die stille Natur zurück hauchen.‹ Ich verließ ihn, und als ich am Abend zurück kehrte, fand ich ihn tot. Sein Freund, der alte Bramin, kam noch denselben Abend; er behauptete, seinen Tod gewußt zu haben, und begrub ihn um Mitternacht an der Stelle, wo er gestorben war.

Ich blieb in Lasidas Haus, lebte wie ein Bramin, und erzog das Mädchen sehr wenig, ich überließ es vielmehr seiner eignen schönen Natur. Zehn Jahre sind seit dem Tode ihres Vaters verflossen, und er lebt noch unter uns; ja Lasida verläßt ungern dies Haus, um ihrem Geliebten zu folgen, weil sie fürchtet, von der nähern Gemeinschaft mit ihrem Vater durch eine kleine Entfernung ausgeschlossen zu werden. Und ich werde nimmer diese Hütte, diese Palmen, diesen Strom verlassen; ich bin hierher gebannt wie in Zauberkreisen, und der Friede weicht nicht von mir.«

Tian

# Gedichte aus dem Nachlaß

## Der Dom zu Cölln

Ein Fragment

Fünffach wölbt sich die Decke auf Gruppen gotischer Säulen,
Höher hebt sich der Chor, stolzer getragen empor,
Schön ist das Innre geziert mit Erzen und Marmor und Teppchen
Und ein purpurner Tag bricht durch die farbigen Fenster. –
Aber dort, wo die Dunkelheit dichter sich webt durch die Säulen,
Hauchet ein Modergeruch dumpf aus der Tiefe herauf,
Allda schlafen die Helden der Kirche im hüllenden Sarge
Und ihr Bildnis ruht drauf, sie falten die Hände zum Beten,
Und ihr starrender Blick hat sich zum Himmel gewandt.
Staunend seh ich sie an, mir ist, als müßten sie reden,
Aber sie starren noch fort, wie sie es Jahrhunderte taten
Und mich schauert so tief, daß also stumm sind die Toten.
Doch da hebt sich Gesang, und Orgeltöne, sie schweben

Feiernd die Dome hinauf, wo glänzende Heilige beten
Aber es wandlen die Töne sich und in Fitt'che der Engel
Und umrauschten melodisch wogend die heiligen Bilder.
Und zum Himmel verkläret sich alles – Musik, und Farben, und Formen,
Aus dem entzückten Auge verschwinden die Gräber, die Toten,
Und den stummen Grüften entsteiget ein freudiges Jauchzen. –
Ja ich habe die Auferstehung gesehen im Auge des Geistes.
Und das Leben der Kunst, es führte die Seele zum Himmel.
Dichtkunst! Du Seele der Künste, Du die sie alle geboren,
Du beseelest das Grab, steigest zum Himmel empor.

## Der Knabe und das Vergißmeinnicht

Der Knabe

O Blümelein Vergißmeinnicht!
Entzieh Dich meinem Auge nicht.
Ihr, Veilchen! Nelken! Rosen!
Auf euch verweilt der Sonne Licht,
Als wollt es mit euch kosen;
Doch wenn die Sonne tiefer sinkt,
Wenn Nacht die Farben all verschlingt,

Da reden süße Düfte
Von eurem stillen Leben mir
Und die vertrauten Lüfte
Die bringen eure Grüße mir.
Doch ach! Vergißmeinnicht, von Dir
Bringt nichts, bringt nichts mir Kunde.
Sag, Blümlein, lebst dem Aug Du nur?
Flieht mit den Farben jede Spur
Mir hin von Deinem Leben?
Hast keine Stimm, die zu mir spricht
Wenn Schatten Dich umgeben?

Vergißmeinnicht

Die Stimme, ach Süßer! die hab ich nicht.
Doch trag ich den Namen Vergißmeinnicht,
Der, wenn ich auch schweige, dem Herzen spricht.

## Liebe und Schönheit

Prometheus hatte nun den Mensch vollendet,
Doch unbeweglich blieb der tote Stoff,
Bis er der Sonne Funken hat entwendet;
(Ein Tropfe, der der Schönheit Meer enttroff)
Doch dieser Funke, er entflammt im Bilde,
In das des Künstlers Weisheit ihn verhüllte.

Von Schönheit ist das Leben ausgegangen,
Doch es vergißt den hohen Ursprung nicht;
Es strebt zu ihm, und Lieb ist dies Verlangen,
Die ewig ringet nach dem Sonnenlicht.

Denn Lieb ist Wunsch, Erinnerung des Schönen,
Die Schönheit schauen will der Liebe Sehnen.

Drum kann die Liebe nimmer selbst sich gnügen,
Drum ist sie immer reich in ihrem Reich;
Drum sucht sie Schönheit sich ihr anzufügen
Und bettelt ewig vor der Schönheit Reich.
Doch ach! unendlich ist das Reich des Schönen,
So auch unendlich unserer Liebe Sehnen.

## Tendenz des Künstlers

Sage! was treibt doch den Künstler, sein Ideal aus dem Lande
Der Ideen zu ziehn, und es dem Stoff zu vertraun?
Schöner wird ihm sein Bilden gelingen im Reich der Gedanken,
Wäre es flüchtiger zwar, dennoch auch freier dafür,
Und sein Eigentum mehr, und nicht dem Stoff untertänig.

Frager! der du so fragst, du verstehst nicht des Geistes Beginnen,
Siehst nicht was er erstrebt, nicht was der Künstler ersehnt.
Alle! sie wollen unsterbliches tun, die sterblichen Menschen.
Leben im Himmel die Frommen, in guten Taten die Guten,
Bleibend will sein der Künstler im Reiche der Schönheit,
Darum in dauernder Form stellt den Gedanken er dar.

## Der Luftschiffer

Gefahren bin ich in schwankendem Kahne
Auf dem blaulichen Ozeane,
Der die leuchtenden Sterne umfließt,
Habe die himmlischen Mächte begrüßt.
War in ihrer Betrachtung versunken,
Habe den ewigen Äther getrunken,
Habe dem Irdischen ganz mich entwandt,
Droben die Schriften der Sterne erkannt
Und in ihrem Kreisen und Drehen
Bildlich den heiligen Rhythmus gesehen,
Der gewaltig auch jeglichen Klang
Reißt zu des Wohllauts wogendem Drang.
Aber ach! es ziehet mich hernieder,
Nebel überschleiert meinen Blick,
Und der Erde Grenzen seh ich wieder,
Wolken treiben mich zurück.
Wehe! Das Gesetz der Schwere
Es behauptet nur sein Recht,
Keiner darf sich ihm entziehen
Von dem irdischen Geschlecht.

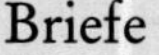

# Briefe

## Briefe an Gunda Brentano und Carl von Savigny

[Karoline an Gunda]

[Hanau, 19. August 1801]

Es war mir gestern so traurig, hätte ich Dir geschrieben, Gunda, es hätte einige Seiten voll lauter Jammerns gegeben. Ich fühlte mich so beschränkt in Äußern so verstimmt im Innern. Ich habe so gar keine Zeit für mich, kann nicht sagen jetzt will ich das tun, dann das; ich muß alle meine Augenblicke erlauschen sie erwuchren; und wenn sie dann da sind so habe ich keinen Genuß von ihnen; es freut mich nichts es schmerzt mich nichts bestimmt, ich bin in dem elendesten Zustand dem des Nichtsfühlens, des dumpfen kalten Dahinschleppens. In diesem Zustand hasse ich mich selbst. Es gehört zu dem Leben meiner Seele daß mich irgend eine Idee begeistre; es ist auch oft der Fall; doch muß es immer etwas Neues sein, denn ich trinke so unmäßig an dem Nektarbecher bis ich ihn in mich geschlürft habe; und wenn er denn leer ist, das ist unerträglich.

Meine Schwester liest mir zuweilen einzle Stellen aus Godwi vor und so gefällt er mir besser als zuvor. Es ist wunderbar daß alle geistige Genüsse fast durch Mitteilung vermehrt werden; da bei materiellen doch das

Gegenteil stattfindet. Geben und reicher werden durch geben! es ist höchst wunderbar, ja ich meine es enthält eine Wiederlegung gegen den Materialismus.

[22. August]

Ich verließ Dich den Mittwoch mit sonderbaren Empfindungen. Duldung, Schonung, Unterstützung, muß man sich von Gunden nicht erwarten, dachte ich; und es ist wahr; wer sein Glück Dir anvertraut, der traut der wechselnden See; Du bist nur ein Schauspiel; man muß Gefallen an Dir finden mehr sollte man nicht, denn Du bist wahrlich ein schönes manigfaches Spiel zum Schauen geeignet, wer Dich anders nimmt versteht Dich nicht, wer Dich anders will, schadet dem Vergnügen daß er in Deiner Anschauung genießen könnte. Es ist gewiß so, ich werde mich Dir gegenüber auch immer mehr ans Betrachten gewöhnen.

[23. August]

Ich habe heute gar keinen Schreibgeist liebe Gunda, ich bitte Dich nur noch mir zu schreiben.

Karoline

Meine Schwestern grüßen Dich, und ich Klötchen.

[Karoline an Gunda]

[Hanau, 29. August 1801]

Gestern Abend habe ich Deinen Brief bekommen. – Aber verzeihe! ich kann mein Urteil über Dich nicht zurück nehmen; denn ich fand Dich nicht allein *so*, am Wilhelmsbad, nein! Du bist mir immer so erschienen, nur damals bestimmter und deutlicher. Freilich sollte ich die Zeilen die Du mir geschrieben hast mit in Anschlag bringen. Wenn ich Dich beurteilen sollte, ich würde in großer Verlegenheit sein; denn ein ganz andrer Geist als Gundens wehet darin, ich würde gar nicht glauben daß sie von Dir seien, wenn ich nicht wüßte daß Du krank seist, dadurch vielleicht Deine Kräfte etwas weniger brausend, sondern mehr weich und abgespannt wären.

Es ist ein häßlicher Fehler von mir daß ich so leicht in einen Zustand des Nichtempfindens verfallen kann, und ich freue mich über jede Sache die mich aus demselben reist. Gestern las ich Ossians Darthula, und es wirkte so angenehm auf mich; der alte Wunsch einen Heldentod zu sterben ergriff mich mit großer Heftigkeit; unleidlich war es mir noch zu leben, unleidlicher ruhig und gemein zu sterben. Schon oft hatte ich den unweiblichen Wunsch mich in ein wildes Schlachtgetümmel zu werfen, zu sterben. Warum ward ich kein Mann! Ich habe keinen Sinn für weibliche Tugenden, für Weiberglückseligkeit. Nur das Wilde Große, Glänzende gefällt mir. Es ist ein unseliges aber unverbesserliches Mißverhältnis in meiner Seele; und es wird und muß so bleiben, denn ich bin ein Weib, und habe Begierden wie ein Mann, ohne Männerkraft. Darum bin ich so wechselnd, und so uneins mit mir.

[30. August]

Ich freue mich über Klemenz weil er zu Dir gekommen ist; es war recht gut von ihm.

Als ich Dich das erstemal sah, gefielst Du mir auf eine sehr imponierende Art; ich hatte es mir nämlich in den Kopf gesetzt auch auf Dich einen guten Eindruck zu machen; ich war stumm, verlegen, und gezwungen in Deiner Gegenwart, aus Furcht Dir zu mißfallen. Als ich aber erfuhr Du seist mir nicht abhold, da war ich einige Tage ganz berauscht in stolzem Vergnügen. –

Lebe wohl, laß mich bald erfahren daß du wohl seist.

Karoline

[Am Schluß auf dem Kopf:]

Gunda Du wirst über diesen Brief lachen; er kommt mir selbst so unzusammenhängend und verwirrt vor.

[Karoline an Gunda]

[Hanau, 24. November 1801]

Du hast mir viel Freude gemacht durch Dein Hierherkommen, denn Gunda, in allem Ernst, ich dachte mich ganz von Dir vergessen, meine Briefe Dir überlästig. Nur dies letztere war meinem Stolz ein unangenehmer Gedanke: das andere war mir wohl nichts weniger als erfreulich, aber ich empfand es mit einer gewissen Resignation, die aus dem Gefühl, wie wenig ich Dir sei, entsprungen sein mochte. Auch weiß ich daß ich schon aus Eigenliebe tolerant sein müßte, denn ich selbst bin wankenmütig, werde leicht kalt gegen lang Abwesende, und, doch es ist ein häßliches Geständnis, ich will es hier nicht vollenden. Es wundert mich Gunda daß Du nicht etwas aufopferst um Dir die Liebe von Clemenz zu erhalten, oder wieder zu erlangen; mir scheint es so süß von ausgezeichneten Menschen geliebt zu sein; es ist mir der schmeichelhafteste Beweis meines eignen Wertes. Ich bin zu schwach gegen diese zu verführerische Schmeichelstimme, sie kann mich mir selbst untreu machen.

Oft und vergebens habe ich mich mir selbst widersetzt. Das Mißlingen solcher Vorsätze (eine traurige Erfahrung meines Lebens) ist ein Triumph Deines Systems, den ich Dir sehr mißgönne. –

Gewiß Gunda Du entbehrst durch Clemenz Entfernung, ich fühle es so bestimmt für Dich; und fürchte daß es Dich in der Folge doppelt schmerzen wird wenn Du dies unangenehme Verhältnis nicht änderst. –

Mein Leben ist so leer, ich habe so viel langweilige und unausgefüllte Stunden. Gunda, ist es nur die Liebe die in diese dumpfe Leerheit Leben und Empfindung gießt? Oder gibt es noch andere Empfindungen die dies tun? Es ist hier eine Lücke in meiner Seele; umsonst suche ich sie zu erfüllen, umsonst sie weg zu räsonnieren die Kunst kann nur durch die Natur, mit der Natur wuchren, ohne sie kann sie nichts. Ich empfand früh, ich fürchte früh hab ich mein Empfindungsvermögen aufgezehrt; nur der Maßstab des Vorigen blieb mir, und das Ideal, ich stehe zwischen beiden, und kann keines erlangen. Und selbst jetzt, da ich Dir diesen Zustand beschreibe, fühle ich ihn minder als ich ihn einsehe.

Auch die Freundschaft versagt mir ihre glückliche Täuschungen. Menschen die mir Sinn und Liebe für interessante Gegenstände, und ein gewisses Streben darnach zeigten, wurden oft meine Freunde, weil mir Mitteilung Bedürfnis ist. Bald aber hatte ich das Interesse das ich mit ihnen teilte erschöpft, und fand daß ich sie selbst erschöpft hatte; sie hatten nur die Kraft das schon Gedachte, schon Empfundene, mit zu denken mit zu empfinden; aber das Eigne, und Besondere diesem Allgemeinen anzuschließen, die neue Ansicht der Dinge in sich zu erschaffen, diesen immer quellenden Reichtum des Geistes versagte ihnen die Natur. In solchem Falle muß man ermüden, oder dem Andern immer so viel geben, daß man nicht gewahr wird wie wenig man empfängt. Das letztere konnte ich nicht; ich wurde oft kalt gegen meine Freunde und weder ihre Liebe, noch ihre sonstigen Vollkommenheiten konnten mich diesen Mangel vergessen machen. Und allzu oft vermißte ich auch die Geduld und Kraft an ihnen, mich zu ertragen wie ich bin. So brachten mir freundschaftliche Verhältnisse meistens mehr Schmerz, als Freude. Und fände ich auch den Freund der alles wäre was ich wünschte, so würde ich mich seiner unwert finden; und die Seligkeit selbst hätte Dornen für mich.

[Karoline an Gunda]

[Hanau, Juni 1802]

Du zwingst mich über mein Verhältnis zu Dir, über meine Gefühle für Dich nachzudenken, nun höre was ich mir selber sagen muß. Du weißt daß ich Dir gut bin, daß ich gern bei Dir bin, aber Du weißt auch daß ich mich schlechterdings nicht über Deine Fehler täuschen, viel weniger sie lieben kann. Ich habe Dir schon oft gesagt was ich an Dir tadle, auf was ich bei Dir Verzicht tun muß weil Du entweder die Anlage nicht dazu hast oder weil sie in Dir erstickt wurden. Aber ich beklage mich über vieles in Dir was Du ändern könntest, (wenn nicht eine Trägheit an die ich nicht ohne Ungeduld denken kann, und eine grenzenlose Sucht Dich immer liebenswürdig zu finden) Dich davon abhielten. Ich werde immer in meinem Herzen bitter oder kalt gegen Dich wenn ich sehe wie alles Gute, wie alle Reize zum Bessern die Du jetzt hast nicht vermögen dies in Dir zu ändern; ich kann schweigen über diese Dinge, aber ich finde sie verwerflich, und je mehr Ansprüche Du auf mich machst, je lebhafter fühle ich wie Du anders sein solltest, denn ich habe für manche Fehler gar keine Geduld am wenigsten an Menschen die ich lieben mögte, und ich mögte Dich lieben ob ich gleich sonst nicht die Person sondern nur die Vortrefflichkeit liebe; es tut mir immer leid wenn mir jemand meine Liebe raubt, wie Du mir oft meine Empfindung für Dich raubst und meinen Glauben an Deine Zukunft. Sieh so lange es so bleibt kann ich Dich nicht allen Andern vorziehen, es ist unmöglich, ich muß immer das Bessere mehr lieben als Dich.

Ich sage Dir dies noch einmal damit Du Dich nie über mich täuschest. – Ich hoffe aber Du bringst eine bessere Existenz aus den Lebensquellen von Wisbad mit; bis dahin adieu

C.

[Darunter auf dem Kopf:]

Zerreiße dies Blatt. Wann gehst Du weg?

[Karoline an Savigny]

[Frankfurt, etwa 20. Juli 1803]

Gunda behauptet ich habe eine kleine Leidenschaft für Sie, sie schreibt es Ihnen auch, aber es ist nicht, gewiß nicht; wenn Sie mich kennten würden Sie wissen daß es nicht sein kann, aber Sie kennen mich nicht, es ist Ihnen vielleicht gleichgültig, wie ich bin, was ich sein kann, und was nicht, und doch habe ich den Mut zu hoffen, ja ich weiß es gewiß ich werde Ihnen einst angehören wie ein Freund, oder wie eine Schwester; ich kann es mir deutlich denken, und mein Leben um vieles reicher; doch erst dann, – Sie wissen wohl wann ich meine. – Schreiben Sie mir nicht, Ihre Briefe haben mir nicht viel Freude gemacht, es war immer etwas Erzwungnes darin so als hätten Sie ein paarmal vorher gesagt, »ich will heute dem Günderrödchen schreiben«, und so war es auch mit meinen Briefen, ich mußte mich immer darüber besinnen.

C.

## Briefe an Friedrich Creuzer

[vor dem 26. Juni 1805]

Der Freund ist in großer Unruhe, wie Sie die Einsicht in das Unmögliche, die Ihnen die letzten Briefe zeigen, ertragen werden. Sie haben gehofft, er selbst hat es dunkel geahnt, jetzt ist es auf einmal aus auf immer, das holde Licht verlischt auf den letzten Strahl. Wie werden Sie das empfinden? Werden Sie sich nicht wegwenden von einer Aussicht, die sich in trübe Nacht verliert.

Ich fasse die Änderung deiner Gesinnung nicht. Wie oft hast du mir gesagt, meine Liebe erhelle, erhebe dein ganzes Leben, und nun findest du unser Verhältnis schädlich. Wie viel hättest du ehmals gegeben, dir dies Schädliche zu erringen. Aber so seid Ihr, das Errungene hat Euch immer Mängel. Ich darf dich auch bitten, anders darüber zu denken, doch nicht erweichen wollen, wie ich in meinem vorigen Brief tat. Es geziemt mir dieses nicht und könnte mir Vorwurf zuziehen. Und das muß ich berechnen, seit Schwarz vielleicht wieder Einfluß auf dich hat, denn nicht Liebe richtet mich allein, auch dieser, der mich nicht versteht. Mir ist, du seist ein Schiffer, dem ich mein ganzes Leben anvertraut, nun brausen aber die Stürme, die Wogen heben sich. Die Winde führen mir verwehte Töne zu, ich lausche und höre, wie der Schiffer Rat hält mit seinem Freunde, ob er mich nicht über Bord werfen soll oder aussetzen am öden Ufer?

Sieh, in solcher Lage fühle ich mich, doch mein Gefühl entscheidet nicht. Wenn du dich in Gefahr glaubst, rette dich, setze mich aus an das Ufer. Niemand kann es tadeln, ich selbst nicht. Wenn dem innigsten heiligen Leben Verderben droht, soll man es sicherstellen um jeden Preis. Ich bitte, tue, was dir gut dünkt. Alles kann ich ertragen; heilig wie das Schicksalswalten ist mir, was du beschließt.

Wohl erwogen hatte auch *ich mir* einen Genuß und Gewinn von unserem Verhältnis, ich war um eines Menschen Liebe reicher und opferte nichts dafür auf, entbehrte nichts. Zwar weiß ich mich rein von jedem ungerechten Anspruch an dich, doch ohne daß ich es wollte, entriß ich dich deinen vorigen Verhältnissen. Du wurdest ein Fremdling in deiner nächsten Umgebung, als du eine Heimat fandest in meinem Herzen. So viele Opfer mußtest du mir bringen, wer weiß, wie viele, die ich nicht kenne. Natürlich fragst du endlich, wohin das führe? Du erblickst kein Ziel; darf ich dich aufhalten, wenn du umkehrst, die vernachlässigten Bande wieder neu anknüpfst, darf ich es nur versuchen, nachdem du in deinem letzten Brief gestanden, dein Geist erlahme unter einem so schwankenden Verhältnis? So sehr ich schon lange fühle, *ich gehöre dir an*, dennoch habe ich dich mit Besonnenheit nie mein genannt. Solche Achtung hatte ich für andere Ansprüche, daß ich in diesem Sinn immer gehandelt. Daß ich durch mein schwankendes Betragen dich und mich hierher geführt habe, das mußt du mir vergeben, weil ich liebte. Ach so manches mußt du mir vergeben, du Einziger Teurer.

Glaube mir nicht, ich betrüge dich und mich mit heuchlerischer Entsagung, denn noch habe ich nicht den Gedanken recht gehabt, von dir verlassen zu werden. Nein, ich halte dich noch fest in meinen Armen, willst du entkommen, mußt du gewaltig dich losreißen.

Savigny wird, denke ich, bald zurückkommen.

Lassen Sie sich doch von Schwarz versprechen, daß er diesem nichts von uns sagt. Die Art, wie er dieses behandelt, ist mir so unangenehm. Ungeweihte sollen nichts von unserem Geheimnis wissen. Wenn nur Schwarz sich überhaupt passiv verhalten wollte. Die Heyden hat ihn auch darum gebeten; er ist doch schuld, daß wir diesen Sommer nicht in Heidelberg sein können, und all sein Eifer kann uns doch nun und nimmer frommen.

Darf ich das nächste Mal nicht direkt schreiben? Vorsichtig, versteht sich, Sie können sich darauf verlassen. Legen Sie mir dies nicht als einen Mangel an Schonung aus. Ich denke, man weiß es doch, daß wir uns schreiben. Daß es indirekt geschieht, ist verdächtiger als geradezu, und ich fürchte, die Adresse von K[ayser] kommt auffallend oft. Doch wie Sie wollen!

Sonntags [6. Oktober 1805]

Es ist sehr gut von Ihnen, daß Sie mir so bald geschrieben. Es ist mir jetzt auch in meinem Gemüte viel besser, obgleich ich die Lage der Sache sehr schlimm finde. Ich wünsche sehr, Sie möchten von H[eidelberg] weggehn können. Wenn der Krieg, wie doch wahrscheinlich ist, sich dorthin spielt, versprechen Sie mir, daß Sie alsdann das Möglichste dazu tun wollen. Denken Sie doch an Rußland und Ihre alten Pläne! Vergessen Sie nicht, den Tag zu bestimmen, wann Sie hierherkommen. Ist es abends spät, so kommen Sie den Vormittag um 10 Uhr zu mir; ist es aber den Vormittag, so kommen Sie um halb 3, das ist eigentlich die ruhigste Zeit. Sie können den Schwarz um 5 Uhr zu mir bestellen; zu 3 darf man desgleichen wohl unternehmen, 2 aber ist hier als eine gefährliche Zahl verrufen. An der Haustüre sagen Sie Ihren Namen nicht und gehen gerade zu; treten Sie jedoch mit gesetzter Fassung ein. Der Zufall könnte wollen, daß gerade jemand bei mir wäre.

Der Freund hat mir gesagt, wenn dieser Krieg ihm und seinen Wünschen gefährlich werden sollte, so wollte er, Dir bewußt, Kleidung anziehen, entlaufen und bei Ihnen Bedienter werden. Wegjagen können Sie ihn doch nicht, und er wollte sich so fein verstellen, daß man ihn nicht erkennen sollte. Das wollte er Ihnen gelegentlich alles begreiflich machen. Wollen Sie ihn aber alsdann der öffentlichen Meinung wegen nicht aufnehmen, so wolle er den Tod suchen. Doch was brauche ich das zu schreiben? Bei allem, was er sagt, ist immer hauptsächlich zu merken, wie er Ihnen von ganzer Seele ergeben ist. Eifersüchtig ist er stets ein wenig und jetzt mehr als sonst. Es freut ihn daher sehr, wenn man beruhigt. Wenn Sie hierherkommen, will ich Ihnen noch mancherlei darüber sagen. Es wäre besser, Sie zögerten nicht so mit hierher Reisen. Savigny wird noch immer erwartet.

Gestern kam Savigny. Er war mir sehr freundlich. Ich habe vor einigen Tagen in einem Brief an ihn unser Verhältnis historisch auseinandergesetzt. Diesen Brief habe ich nicht weggeschickt, ich will ihn ihm heute geben. Es wird mir so nicht so schwer, als wenn ich ihm alles erzählen müßte. Er bleibt noch heute und morgen und geht dann noch einige Wochen nach Trages. S[avigny] war sehr gut und teilnehmend gegen mich; nachdem er meinen Brief gelesen, sagte er, für die Sache könne er schlechterdings nichts tun, doch auch nichts dagegen. Das versprach er mir, es freute ihn, daß du D[aub] vertraut, den er für denjenigen hält, der am besten darüber urteilte. Mündlich mehr davon.

Komm bald und schreibe mir zuvor! Meine Seele ist düster. Wenn du mir wieder schreibst, so schreibe nur unbedeutende Sachen, aus denen man nichts schließen kann.

Einige Stellen Ihres Briefes haben mir ein schweres Nachdenken erregt. Ihre Freunde fürchten, ich sei Ihrer unwürdig. Wenn ich nicht zu leben wüßte, wie es Ihren Wünschen und Umständen gemäß ist, so wäre ich allerdings Ihrer unwürdig. Ob ich Willen und Fähigkeit dazu habe, wird gefragt. Ich weiß, daß ich ewig nur streben werde, so zu sein und zu handeln, wie es Ihnen lieb ist, wie es Ihrer innersten Natur geziemt, wie es Ihr äußeres und inneres Leben schön und sorgenfrei erhalten kann. Mehr weiß ich nicht zu antworten. Mein Leben möge mich rechtfertigen, nicht meine Worte. Daub kennt mich nicht, das sehe ich aus seinem Urteil von meiner Kühnheit, die ich mir wohl wünschen möchte. Die Rudolphi hat mich zweimal gesehen. Was sie von mir weiß, ist durch die Daub und Clemens, darüber kann ich mich nicht verteidigen. Sie wissen selber, wie das ist. Schwarz findet bedenklich, daß ich der neuen Philosophie anhange. Soll ich mich entschuldigen über das, was ich vortrefflich in mir finde? Ich verstehe nicht, in welchem Zusammenhang dies mit meinem gefürchteten Untalent, Sie zu beglücken, steht. Und doch: ich will ihm schreiben, wenn Sie es wünschen. Ich will alles tun, was Sie wollen, wenn nur Sie den Freund nicht verkennen. Haben Sie ihn, seit er Sie liebt, nicht gehorsam, demütig, Ihnen ergeben gefunden? Hat er etwas gegen Sie getan, das nur das kleinste Mißtrauen gegen ihn rechtfertigen könnte? Lassen Sie doch sein Leben reden, nicht Fremde, die es nicht verstehen. Meine Liebe können Sie doch nur allein verstehen, und jedes Urteil, das nicht von dieser ausgeht, ist falsch. Wenn Sie hierher kommen, richten Sie es ein, daß es in H[eidelberg] niemand erfährt; es wäre nicht gut, wenn man es wüßte. Faber hat mir auch wieder geschrieben. Er empfiehlt mir noch dringender das Geheimnis, weil die Erhaltung meines Vermögens davon abhängt.

Frankfurt, 18. Nov. [1805]

Mein ganzes Leben bleibt dir gewidmet, geliebter süßer Freund. In solcher Ergebung in so anspruchsloser Liebe werd ich immer Dir angehören Dir leben und Dir sterben.

Liebe mich auch immer Geliebter. Laß keine Zeit, kein Verhältniß zwischen uns treten. Den Verlust Deiner Liebe könnte ich nicht ertragen. Versprich mir mich nimmer zu verlassen. O Du Leben meines Lebens verlasse meine Seele nicht. Sieh' es ist mir freier und reiner geworden, seit ich allem irrdischen Hoffen entsagte. In heilige Wehmut hat sich der ungestüme Schmerz aufgelöset. Das Schicksal ist besiegt. Du bist mein über allem Schicksal. Es kann Dich mir nicht mehr entreißen, da ich Dich auf solche Weise gewonnen habe.

Sonntags

Möchte doch auch Dir der Friede zuteil werden, der mich schon seit mehreren Tagen beseligt, und doch liebe ich Dich, wie ich Dich kaum in der Blüte unserer Hoffnungen liebte, und reiner und seliger zugleich.

Ich habe das Geld von M[ohr] erhalten, ich will mich dafür, für Dich, malen lassen. Freut Dich das? Mir macht es viele Freude.

Such doch Sophiens Vertrauen zu gewinnen. Sage ihr, wir hätten entsagt. Wenn Du erlaubst, will ich es ihr auch schreiben, damit Dir wieder Friede wird in Deinem Hause, und sie unser Verhältnis, das ihr ferner keine Gefahr bringt, nicht störe.

Im April 6 [1806]

Wenn mich etwas in deinem Brief betrüben könnte, so ist es dies, daß du zuweilen so entsagend, so, als sei es nicht notwendig, daß ich dir angehöre, sondern Willkür, sprechen kannst. Da fühle ich immer, du fühltest deine Liebe auch nicht recht notwendig, da wird mir bange für deine Ausdauer. Du solltest anmaßender sein, mich mit Liebe und dann [mit] Despotismus behandeln. Dann erst würde mir recht wohl und sicher. Ich habe neulich einen fürchterlichen Augenblick gehabt. Es war mir, ich sei viele Jahre wahnsinnig gewesen und erwachte eben zur Besinnung und frage nach dir und erfahre, du seist längst tot. Dieser Gedanke war Wahnsinn, und hätte er länger als einen Augenblick gedauert, er hätte mein Gehirn zerrissen. Drum sprich nicht von anderem Liebesglück für mich.

Vergiß es doch nie, geliebte Seele, daß ich dein eigenstes Eigentum bin, und sprich nie anders zu mir!

Den 1. Mai 1806

Der Freund war eben bei mir; er war sehr lebendig, und ein ungewöhnlich Rot brannte auf seiner Wange. Er sagte, er habe im Morgenschlummer von Eusebio geträumt, wie er ganz mit ihm vereint gewesen und mit ihm durch reizende Täler und waldige Hügel gewandelt sei in seliger Liebe und Freiheit. Ist ein solcher Traum nicht mehr wert als ein Jahr meines Lebens? Wenn ich nur Monate so glücklich und so schuldlos glücklich wäre als in diesem Traum, wie gerne und mit welcher Dankbarkeit gegen die Götter wollte ich sterben! Es ist zu wenig dafür geboten, ich wollte für solchen Preis meinen Kopf auf den Henkerblock legen und ohne feige Blässe den tödlichen Streich erwarten. Aber, o Armseligkeit der reichen Schicksalsmächte, zu dürftig, eines Bettlers heißen Wunsch mit einer Gabe göttlich zu erfüllen!

Es ist dies nicht umsonst ausgesprochen worden: was es hier sagt, soll es dort sagen. – Doch genug vom Freund! Lieber, liebster Freund, solche Freude habe ich heute gehabt durch den Empfang deines Buches, daß ich dir es gar nicht sagen kann. Außer den Tagen, die du hier warst, habe ich noch keine so frohe Stunde gehabt als heute. Dein liebes, liebes Sonett lesen ist mir nicht genug, ich muß es auch an mein Herz drücken und küssen, als hätten Lippen den heißen, innigst frohen Kuß zu erwidern. Ich bin ganz töricht vor Liebe und Freude. Das nächste Mal will ich dir erst recht viel darüber schreiben. In drei Wochen gehe ich nach Winkel; von dort aus schreibe ich dir, wie es eigentlich ist. Die H[eyden] sagt, hierher könntest du nicht schon wieder kommen, besonders da dir der Vorwand von Trages fehlt, und wirklich, du kannst nicht dahin gehen. Auch Clemens wird erwartet. Nun weiß ich doch, wem ich jene Worte sprach, und ich will sie gerne wiederholen. In dieser Woche hast du mir so oft Freude gemacht, erst die Bilder, dein Brief, gestern die Bücher. Verdien ich auch das? Wird nicht etwas von meiner Demut verschwinden? Nein, nein, immer bleib ich dein Geschöpf, und das zu sein ist mein größter, mein höchster Stolz.

Ende Mai 1806 [zwischen 14. und 18. Mai 1806]

Was du mir sagst, kommt mir vor, als hättest du Mitleid und wollest mich und dich selbst trösten damit für das Vertrauen das du raubst. Dafür aber gibt es keinen Trost als den, daß diese schmerzliche Spannung in dir nicht dauern kann. Mir ist, deine Augen seien sehr erkrankt. Ich fühle deinen Schmerz und auch den meinen: daß ich nicht von dir gesehen werde, und sehnsuchtsvoll sehe ich dem Augenblick entgegen, da dir das erfreuliche Licht wieder geschenkt wird.

Warum nennst du mich auch in dem innersten Brief Sie?

Es befremdet mich, daß mein Brief Sophien Besorgnis erregt hat. Ich rede doch nicht anders darin, als wie man von einem Freunde reden soll, der es ist im ganzen Sinn. Ich dachte, Sophie hätte Gefühl für eine Freundschaft, die mehr ist als das launige Gemisch, das gewöhnlich dafür ausgegeben wird. Sieht es nicht aus, als dächte ich immer zu groß von ihr? Ich glaube es ungerne. Was fürchtet sie doch von mir? Ich bin aufrichtig gegen sie, darum ist sie unruhig. Dazu hätte sie natürliche Gründe, wenn ich mich schlau versteckte. Ich kann sagen: ich habe in Sophiens Leben viele schöne, lichte Punkte gesehen. Warum ist es ihr nicht gegeben, sie zu einem schönen, haltbaren Ganzen zu verknüpfen? Warum müssen viele Augenblicke von kleinem Mißtraun, von egoistischer ungegründeter Ängstlichkeit dazwischen sein? Wie kann sie zugleich trauen und auch nicht, heute unser Verhältnis gut heißen und morgen fürchten? Wie dich so lieben, daß sie dich um keinen Preis verlassen kann, und sich doch bei ihren Bekannten ehemals über dich beklagen? Bei Gott, das ist schwer zu verstehen! Auch die Folter sollte bei mir keine Klage über dich abzwingen, auch wenn du ungerecht gegen mich wärest.

Vorgestern erhielt ich die Bücher von Mohr. Ich danke dir herzlich. Wohl habe ich Interesse an Heraklit, auch ohne Bezug auf dich, doch stille – ich lüge; ich kann nicht anders, ich muß alles in Bezug auf dich bringen. Sonst ist es mir *tot*; das ist auch die Quelle meiner unseligen Aufrichtigkeit gegen dich; alles, was mir begegnet, muß ich dir sagen. Wenn du nun sagst, es sei nicht der Mühe wert, davon zu reden, hast du wohl recht, aber du solltest auch auf die Ursache davon sehen. Wahrscheinlich gehe ich Samstag den 23ten nach W[inkel]. Ich schreibe noch vorher und sende meine Adresse.

Wenn du kannst, schreibe bald und recht deutlich, wie es dir ist. Und verzeihe mir meine Fehler! Sag auch, wie ich dir besser gefalle!

[undatiert]

Ich sende dir ein Schnupftuch, das für dich von nicht geringerer Bedeutung sein soll als das, welches Othello der Desdemona schenkte. Ich habe es lange, um es zu weihen, auf meinem Herzen getragen. Dann habe ich mir die linke Brust gerade über dem Herzen aufgeritzt und die hervorgehenden Blutstropfen auf dem Tuch gesammelt. Siehe, so konnte ich das Zarteste für dich verletzen. Drücke es an deine Lippen; es ist meines Herzens Blut! So geweiht, hat dieses Schnupftuch die seltene Tugend, daß es vor allem Unmut und Zweifel verwahrt. Ferner wird es dir ein zärtliches Pfand sein.

# Anhang

# Editorische Notiz

Der Text der poetischen Werke folgt der Ausgabe: *Gesammelte Werke der Karoline von Günderode*, hrsg. von Leopold Hirschberg, 3 Bde., Berlin: Bibliophiler Verlag O. Goldschmidt-Gabrielli, 1920–22. Die Orthographie wurde behutsam dem heutigen Gebrauch angeglichen, der Lautstand blieb gewahrt, die Schreibung der Eigennamen wurde nicht normalisiert. Die Interpunktion folgt unverändert der Druckvorlage.

Die Briefe der Günderrode an Gunda Brentano und Carl von Savigny folgen der Edition von Max Preitz: »Karoline von Günderrode in ihrer Umwelt«, Teil II, in: *Jahrbuch des Freien Deutschen Hochstifts*, Jg. 1964, S. 159–236, wobei sie hier ebenfalls in modernisierter Gestalt wiedergegeben werden. Die Briefe an Friedrich Creuzer sind der Ausgabe entnommen: *Die Liebe der Günderode. Friedrich Creuzers Briefe an Caroline von Gründerode*, hrsg. von Karl Preisendanz, München: Piper, 1912; Nachdr. Bern: Lang, 1974.

# Daten zu Leben und Werk

1780 11. Februar: Karoline von Günderrode wird in Karlsruhe als Tochter des badischen Regierungsrates Hector von Günderrode († 1780) geboren.

1781/82/83/84 Geburt der Schwestern Louise († 1794), Wilhelmine, Charlotte († 1802), Amalie († 1801).

1786 25. April: Geburt des Bruders Hector.

1797 4. April: Aufnahme in das »von Cronstetten-Hynspergische Adelige Damenstift« in Frankfurt am Main. In einem Stift kamen unverheiratete Töchter des Adels unter, denen es aber freistand, an den Geselligkeiten in der Stadt teilzunehmen. – Freundschaften mit Lisette Nees, Anna Fichard, Susanne Maria von Heyden.

1799 Aufenthalte in Frankfurt, Hanau und Lengfeld; dort Begegnung mit Carl von Savigny (1779–1861). Seit 1800 lehrt Savigny in Marburg, später in Landshut römisches Recht. 1810 ist er Professor in Wien. Durch ihn gelangt K. v. G. in den Kreis der Romantiker; sie lernt die Schwestern Bettina und Gunda Brentano kennen. Diese wird bald die Braut Savignys. Eine Neigung zu Savigny weitet die Günderrode auf das Brautpaar aus.

1800 Aufenthalte in Frankfurt und Lengfeld bei Familie Leonhardi; Gerücht von einem Verhältnis mit Fritz von Leonhardi.

1801 Aufenthalt in Frankfurt. Bekanntschaft mit Clemens Brentano.

1801–03 18. Oktober: Karoline und Wilhelmine von Günderrode werden für volljährig erklärt. Die Schwestern führen mit ihrer Mutter einen Prozeß um die Erbschaft, den sie 1803 während eines Aufenthalts in Gießen bei der Tante Charlotte von Nordeck ausfechten.

1802–03 Briefwechsel mit Clemens Brentano, zu dem K. v. G. zunächst eine Neigung faßt, der sie aber bald durch seinen Zynismus und seine erotische Direktheit abstößt.

1803 Seit Juni: Briefwechsel mit Carl von Savigny.

1804 Erste Veröffentlichung: *Gedichte und Phantasien von Tian*.

1804 17. April: Heirat von Savigny und Gunda Brentano.

April–Juni: Besuch des Ehepaars Savigny auf Gut Trages (bei Gelnhausen).

Ab Juni: Philosophische Studien zusammen mit der Freundin Susanne Maria von Heyden.

Juni: Treffen mit Carl und Gunda von Savigny in Frankfurt; mit Bettina Brentano in Hanau.

4. August: Aufenthalt in Heidelberg; durch den Freundeskreis um Savigny und Brentano lernt sie den Professor der Philologie und Alten Geschichte Friedrich Creuzer (1771–1858) kennen.

September: Erneuter Besuch in Heidelberg, Treffen mit Creuzer, gemeinsamer Besuch einer Aufführung von Schillers »Jungfrau von Orleans« in Mannheim.

Ab 4. Oktober: Briefwechsel mit Creuzer.

Nach Creuzers Besuch in Frankfurt im Oktober verzichtet seine um 13 Jahre ältere Ehefrau Sophie auf die Ehe mit ihm; Creuzer schlägt ein Leben zu dritt vor, was aber K. v. G. erschreckt von sich weist.

November: Das Augenleiden der Günderrode verschlechtert sich, so daß sie kaum mehr lesen und schreiben kann. Entschluß, den Briefwechsel mit Creuzer zu beenden.

1805 Weitere Publikationen: *Poetische Fragmente von Tian – Udohla, in zwei Acten. Von Tian – Magie und Schicksal, in drei Acten. Von Demselben*, in: *Studien*, hrsg. von Carl Daub und Friedrich Creuzer. – *Geschichte eines Braminen. (Von Tian)*, in: *Herbsttage*, hrsg. von Sophie von La Roche.

Durch die Pflege der kranken Bettina Brentano im Januar Intensivierung der Freundschaft der beiden Frauen, der Bettina später durch ihr Buch *Die Günderode* (1840) ein Denkmal setzt. K. v. G. nimmt die stürmischen Freundschaftsbekundungen der B. B. stets reserviert auf.

1. Mai: Besuch Creuzers in Frankfurt.

August/September: Erneuter Versuch, sich von Creuzer zu trennen; gleichzeitig entschließt sich Creuzer zur Scheidung von seiner Frau; ein solcher Plan wird mehrfach gefaßt und immer wieder verworfen.

18. Oktober: Besuch Creuzers in Frankfurt.

18. November: Erneuter Entschluß, Creuzer zu entsagen.

1806 Zwei weitere Publikationen: *Nikator. Eine dramatische Skizze in drei Akten von Tian*, in: *Taschenbuch für das Jahr 1806. Der Liebe und Freundschaft gewidmet* – *Der Jüngling der das Schönste sucht*, in: *Journal des Luxus und der Moden*, Jg. 21, Weimar 1806.

März/April: Begegnung mit Creuzer in Frankfurt.

Mai/Juni: Aufenthalt in Winkel am Rhein; ein geplantes Treffen sagt Creuzer ab.

Juni: Bruch der Freundschaft mit Bettina Brentano.

18. Juli: Creuzer kündigt seine Beziehung zu K. v. G. auf. Ein Abschiedsbrief, den Freunde überreichen sollten, um sie auf die Trennung vorzubereiten, fällt ihr am 24. Juli in die Hände.
26. Juli: Selbstmord in Winkel im Rheingau.

# Literaturhinweise

## Veröffentlichungen zu Lebzeiten

Gedichte und Phantasien von Tian. Hamburg / Frankfurt a. M.: J. C. Hermannsche Buchhandlung, 1804.

Poetische Fragmente von Tian. Frankfurt a. M.: Friedrich Wilmans, 1805.

Udohla, in zwei Acten. Von Tian. – Magie und Schicksal, in drei Acten. Von Demselben. In: Studien. Hrsg. von Carl Daub und Friedrich Creuzer. Bd. 1. Frankfurt a. M. / Heidelberg: J. C. B. Mohr, 1805. S. 363–401 und 403–461.

Geschichte eines Braminen. (Von Tian). In: Herbsttage. Von Sophie von La Roche. Leipzig: Heinrich Gräff, 1805. S. 24–47.

Nikator. Eine dramatische Skizze in drei Akten von Tian. In: Taschenbuch für das Jahr 1806. Der Liebe und Freundschaft gewidmet. Frankfurt a. M.: Friedrich Wilmans, 1806. S. 85–120.

Der Jüngling der das Schönste sucht. In: Journal des Luxus und der Moden. Hrsg. von F. J. Bertuch und G. M. Kraus. Jg. 21. Weimar: Landes-Industrie-Comptoir, 1806.

## Werkausgaben, Briefe, Dokumente

Gesammelte Werke der Karoline von Günderode. Hrsg. von Leopold Hirschberg. 3 Bde. Berlin: Bibliophiler Verlag O. Goldschmidt-Gabrielli, 1920–22. Nachdr. Bern: Lang, 1970.

Karoline von Günderode. Gesammelte Dichtungen. Hrsg. von Elisabeth Salomon. München: Drei Masken Verlag, 1923.

Karoline von Günderrode. Sämtliche Werke und ausgewählte Studien. Historisch-kritische Ausg. Hrsg. von Walter Morgenthaler. 3 Bde. Basel / Frankfurt a. M.: Stroemfeld / Roter Stern, 1990–91.

Der Schatten eines Traumes. Gedichte, Prosa, Briefe, Zeugnisse von Zeitgenossen. Hrsg. von Christa Wolf. Darmstadt/Neuwied: Luchterhand, 1979.

Karoline von Günderode. Gedichte. Hrsg. von Franz Josef Görtz. Frankfurt a. M.: Insel Taschenbuch Verlag, 1985.

Arnim, Bettina von: Die Günderode. 2 Bde. Grünberg/Leipzig: Levysohn, 1840.

Geiger, Ludwig: Karoline von Günderode und ihre Freunde. Stuttgart [u. a.]: Deutsche Verlags-Anstalt, 1895.

Die Liebe der Günderode. Friedrich Creuzers Briefe an Caroline von Günderode. Hrsg. von Karl Preisendanz. München: Piper, 1912. Nachdr. Bern: Lang, 1975.

Preitz, Max: Karoline von Günderrode in ihrer Umwelt, I. II. In: Jahrbuch des Freien Deutschen Hochstifts. Jg. 1962. S. 208–306. Jg. 1964. S. 159–236.

– / Hopp, Doris: Karoline von Günderrode in ihrer Umwelt, III. In: Jahrbuch des Freien Deutschen Hochstifts. Jg. 1975. S. 223–323.

»Ich sende Dir ein zärtliches Pfand«. Die Briefe der Karoline von Günderrode. Hrsg. von Birgit Weißenborn. Frankfurt a. M.: Insel Verlag, 1992.

## Forschungsliteratur

Gajek, Bernhard: »das rechte Verhältniß der Selbständigkeit zur Hingebung«. Über Karoline von Günderrode (1780–1806). In: Jamme, Christoph / Pöggeler, Otto (Hrsg.): »Frankfurt aber ist der Nabel dieser Erde«. Das Schicksal einer Generation der Goethe-Zeit. Frankfurt a. M. 1983. S. 206–226.

Hoff, Dagmar von: Dramatische Weiblichkeitsmuster zur Zeit der Französischen Revolution. Dramen von deutschsprachigen Autorinnen um 1800. In: Die Marseillaise der Weiber. Frauen, die Französische Revolution und ihre Rezeption. Hrsg. von Inge Stephan und Sigrid Weigel. Hamburg 1989. (Argument-Sonderbd. 185.) S. 74–88.

Kastinger Riley, Helene M.: Zwischen den Welten. Ambivalenz und Existentialproblematik im Werk Caroline von Günderrodes. In: H. M. K. R.: Die weibliche Muse. Sechs Essays über künstlerisch schaffende Frauen in der Goethezeit. Columbus (S. C.) 1987. S. 91–119.

Kohlschmidt, Werner: Ästhetische Existenz und Leidenschaft. Mythos und Wirklichkeit der Karoline von Günderode. In: Die Zeitwende 51 (1980) S. 205–216.

Lazarowicz, Margarete: Karoline von Günderode. Porträt einer Fremden. Frankfurt a. M. [u. a.] 1986.

Neumann, Annelore: Caroline von Günderrode. Diss. Berlin 1957.

Rehm, Walter: Über die Gedichte der Karoline von Günderrode. In: Goethe-Kalender 1942. Leipzig 1941. S. 92–121.

Solbrig, Ingeborg H.: Die orientalische Muse Meletes. Zu den Mohammed-Dichtungen Karoline von Günderrodes. In: Jahrbuch der Deutschen Schillergesellschaft 33 (1989) S. 299–322.

Westphal, Wolfgang: Karoline von Günderrode und »Naturdenken um 1800«. Essen 1993.

Wilhelm, Richard: Die Günderrode. Dichtung und Schicksal. Frankfurt a. M. 1938. Nachdr. Bern 1975.

Zimmermann, Karin: Die polyfunktionale Bedeutung dialogischer Sprechformen um 1800. Exemplarische Analysen: Rahel Varnhagen, Bettina von Arnim, Karoline von Günderode. Frankfurt a. M. [u. a.] 1992.

# Nachwort

Nicht ihre Dichtung, sondern ihr Selbstmord hat Karoline von Günderrode berühmt gemacht. Über ihn wird allenthalben geraunt und geklagt, es werden Bücher darüber geschrieben und Vorwürfe erhoben gegen Friedrich Creuzer, den Mann, der durch sein unmännliches Zögern das Unglück heraufbeschworen haben soll. Die Günderrode ist eine Dichterin ohne große Dichtung, jedoch mit großem Schicksal. Wer sich ihren Gedichten, Dramoletten, Dialogen, Briefen trotz der Mißachtung, die ihnen bislang widerfuhr, zuwendet, wird schnell bemerken, daß der Tod eine poetische Obsession von ihr war. Heldentod und Liebestod sind die bevorzugten, ja fast die einzigen Motive ihrer Poesien und philosophischen Versuche.

Zu Lebzeiten erschienen zwei Sammlungen von Günderrodes Werken, *Gedichte und Phantasien* (1804) und *Poetische Fragmente* (1805). Eine dritte Sammlung, *Melete*, war im Druck, als sie sich erdolchte, wurde dann aber nicht veröffentlicht. Außerdem konnte sie noch drei Dramen, *Udohla*, *Magie und Schicksal* und *Nikator* sowie eine Erzählung, *Geschichte eines Braminen*, in Zeitschriften unterbringen. Schwierigkeiten zu publizieren hatte sie nie. Im Gegenteil waren ihre Freunde, allen voran Creuzer, Karl Daub und Christian Nees von Esenbeck, ihr behilflich bei der Korrektur ihrer Arbeiten und beim Versuch, einen Publikationsort dafür zu finden. Auch Clemens Brentanos Skepsis gegen den Eintritt seiner Freundin in die literarische Öffentlichkeit ist anderer Art, als es ein feministisches Mißtrauen vermuten möchte: »Überhaupt bin ich sehr begierig, von Ihnen selbst zu hören, warum Sie sich entschlossen haben, Ihre Lieder drucken zu lassen [...]. Das ganze muß eine Epoche in Ihrem Leben sein, Sie können nicht gut zurücktreten. Sie haben die Welt zu Forderungen an Sie berechtigt, und Sie müssen verstummen oder beweisen, daß Sie selbst über der Welt stehen [...]. Traurig werde ich oft, wenn ich einen neuen Schriftsteller auftreten sehe, denn es ist ein Beweis, daß die Menschen keine Freunde mehr haben, und jeder sich an das Publikum wenden muß.«[1] Brentano, der sich selbst sein Leben lang nur schwer entschließen konnte, etwas in Druck gehen zu lassen, beklagt nicht die Indezenz einer Frau, die an die Öffentlichkeit geht; er wundert sich nur über den Leichtsinn, sein Innerstes der Neugier des Publikums auszusetzen.

Sich zu verraten, hat aber die Günderrode nie gescheut. Sie hat zwar die Sitte gewahrt, die von Frauen verlangte, daß sie sich nicht nennen, und unter dem Pseudonym »Tian« publiziert, doch war sie nie bestrebt (wie etwa selbst so berühmte Autorinnen wie Jane Austen), ihre Autorschaft vor ihren Freunden zu verleugnen. Diese haben sich stets wohlwollend und freundlich über ihre Werke geäußert. Creuzer gar, der die zwei kurzen Jahre ihres öffentlichen Auftritts als Liebhaber begleitete, hat sich seiner Rolle entsprechend bewundernd, ja gar unterwürfig dem großen Talent seiner Freundin gegenüber gezeigt: »Auch was der gütige Freund [die Günderrode] ihm [gemeint ist er selbst] in den *Fragmenten einer Antwort* in die Feder legt, ich meine den Anfang und einige Zwischengedanken, ist so, daß er wohl *wünschte* so etwas geschrieben zu haben, sich aber wohl bewußt ist, daß er's nie gekonnt.«[2] Die Kritik, die sie von ihren Freunden erfährt, ist ernsthaft und will hilfreich sein. Die Kritik, die in der *Jenaischen Allgemeinen Literatur-Zeitung* oder im *Freimüthigen* von fremden Rezensen-

1 Clemens Brentano an Karoline von Günderrode, 2. Juni 1804. Zit. nach: *Ich sende Dir ein zärtliches Pfand. Die Briefe der Karoline Günderrode*, hrsg. von Birgit Weißenborn, Frankfurt a. M. 1992, S. 143.

2 Friedrich Creuzer an Karoline von Günderrode, 7. Mai 1806. Zit. nach: Karl Preisendanz, *Die Liebe der Günderode*, München 1912, S. 262.

ten geübt wurde, mußte sie notwendig im Kontext der zeitgenössischen literarischen Produktion beurteilen; sie wird zunehmend strenger und unfreundlicher. *Gedichte und Phantasien* – dem Erstling – gegenüber zeigt sie sich wohlwollend abwartend: »Die Lektüre desselben zog mich, in sonderbarem Wechsel, bald an, bald stieß sie mich ab; und doch konnte ich nicht ruhen, bis ich sie ganz vollendet hatte. – Die Anmuth und Reinheit der Sprache, manche sehr gelungene Stelle, manche schöne edle Gefühle und Ideen – (obgleich selten oder nie originelle; mancher hat Reminiscenzen und hält sie für Originalideen!) lockten freundlich zum Weiterlesen, und erweckten Hoffnungen, welche wieder wankend gemacht wurden, wenn hier und da die Verfasserin ihrem eigenen schönen Gemüthe ungetreu wurde, und ihre Ideen hinauf schraubte, oder ihre Sprache verkünstelte.« Der Rezensent schließt mit dem Rat, daß sich seine neue, vielversprechende literarische Bekanntschaft »nie gewaltsam heben, nie in die Tiefen einer finstern Mystik versinken« möge.[3] Die Veröffentlichung des Dramas *Nikator* tut dann *Der Freimüthige* mit ein paar vernichtenden Worten ab: »Abentheuerlichkeiten und Plattheiten, auf siebzehn Blätter gedrängt, und in schlechten Versen abgefaßt.«[4] Mit einer Art Kritik in Gestalt eines Nachrufs in der *Jenaischen Allgemeinen Literatur-Zeitung* 1806 erlischt nach dem spektakulären Selbstmord das Interesse für das Werk der Günderrode.

Von da an teilt sich die Rezeption in eine weibliche und eine männliche, in eine, die sich für das Schicksal und in eine, die sich für das Werk interessiert. Bettina von Arnim begründet mit ihrem Buch *Die Günderode* in der Mitte des 19. Jahrhunderts jene Heiligenverehrung einer großen, sensiblen, mißverstandenen Dichterin, die sich bis zu Christa Wolf fortsetzt. Die Germanistik der Jahrhundertwende entdeckt die Günderrode wieder durch die Ausgabe der Briefe

3 »Literarischer Beitrag aus Frankfurt am Mayn«, in: *Der Freimüthige*, Nr. 97, 15. Mai 1804, S. 385.
4 *Der Freimüthige*, Nr. 213, 25. Oktober 1805, S. 333.

und Dichtungen von Erich Rohde und die Briefbiographie von Reinhold Steig, der 1895 den Hauptteil des Nachlasses aus Privatbesitz gekauft hatte.[5] Zum 100. Todestag der Dichterin 1906 wird das Bändchen *Melete* zum ersten Mal vollständig publiziert. Die literaturwissenschaftliche Beschäftigung mit dem Werk der Günderrode freilich kommt über die Edition nicht hinaus. In Anthologien haben ihre Gedichte keinen Eingang gefunden, auch sind sie kaum je der Interpretation für würdig erachtet worden.

Die Feststellung des *Freimüthigen*, daß der Leser für Originalität hält, was doch nur Reminiszenzen sind, ist in der Tat die treffendste Charakteristik der Poesien der Günderrode. Ihre Individualität ist ihre Unindividualität. Sie versifiziert, dramatisiert, deklamiert und kompiliert Mythen aus allen Kulturen, die damals von den Philologen und Historikern erforscht worden sind. Den nachhaltigsten Eindruck hat auf sie Macphersons Heldenepos *Ossian* – eine Fälschung – gemacht, weshalb ihre erste Anthologie mit *Darthula*, der Paraphrase einer Episode aus diesem Werk, beginnt. Den Mythen entsprechend wechselt die Szenerie ihrer Dichtungen fortwährend, der Geist der Autorin zieht von Weltteil zu Weltteil und von Volk zu Volk: von den Kelten (*Darthula*) nach Skandinavien (*Mora*), ins Osmanische Reich (*Musa*) und nach Persien (*Die Erscheinung*), dann wieder nach Arabien, nach Mekka und in die Wüste (*Mahomed*) und zurück nach Island, um schließlich in Smyrna, Persien und Indien (*Geschichte eines Braminen*) anzuhalten. Den Schauplätzen ist lediglich gemein, daß sie nicht von dieser Welt sind, von der nämlich, in der die Günderrode physisch und intellektuell lebt, der modernen europäischen Kultur. Die Apartheit der Sujets garantiert den Anschein des Poetischen, der Klang exotischer Namen – Parimor, Thia, Erodion, Charon, Karmor, Thormod, Carul, Cara Boga Ba-Yazed, Edezon – überzieht als lyrische Melo-

5 Siehe dazu Walter Morgenthaler in der Ausgabe: *Karoline von Günderrode. Sämtliche Werke und ausgewählte Studien*, historisch-kritische Ausg., hrsg. von W. M., 3 Bde., Frankfurt a. M. 1990–91, hier Bd. 3, S. 42.

die den Text. Nicht einmal die Mythen des griechischen Altertums werden von ihr bevorzugt, obgleich ihre Bekanntschaft mit dem Altphilologen Creuzer sie auf Motive aus dieser Tradition hingewiesen haben dürfte.

Nicht den Götter-, sondern den Heldensagen dieser Kulturkreise entnimmt die Günderrode ihre Sujets. Das Weltbild ihrer Dichtungen ist wesentlich tragisch, selbst dann, wenn es sich nicht um Dramen, sondern um Romanzen, Liebesgedichte, epische und erzählerische Formen handelt. Sie bewegt sich nur im genus grande, im hohen Stil, und braucht dementsprechend hohe Figuren, Seher, Weise, Könige, Krieger, königliche und heroische Liebende. Ihre Motive sind erhaben: Freundesopfer oder Freundesverrat, Treue zum Herrscher oder Rebellion gegen ihn, die Liebe, diese aber niemals ohne Todesbereitschaft.

Die Kombination von Liebe und Tod umspielt die Dichtung in stets neuen Variationen und ist fast ihr einziges Motiv. Liebe ist für die Günderrode kein Gefühl, sondern eine Energie, deren Größe sich in der Bereitschaft zum Untergang beweist. Der Tod ist das non plus ultra, das dem begrenzten Erdenleben ein Ziel, aber keinen Sinn gibt. Die Dichtung der Günderrode ist ideenlos; sie schildert nur die Tendenz zum Tode hin und ist reine Handlung. *Timur* etwa, der erste hier ausgewählte Text, besteht aus nichts als dem kürzesten Weg vom Entschluß zur Tat, die selbst wiederum nur die Funktion zu haben scheint, den gemeinsamen Tod der Liebenden möglichst nicht zu verzögern. Dieser Prosatext enthält gewissermaßen das Grundmuster des Liebestodes: unausweichlich und allbestimmend ist die Liebe, die Liebenden aber sind durch feindliche Konstellationen getrennt, sie überwinden diese und können dennoch nicht zueinander kommen, denn die feindliche Welt spielt auch in ihren Sieg hinein und zwingt sie, den gemeinsamen Tod zu wählen.

Über diesem Schema moduliert die Günderrode Formen des Liebestodes; es entstehen so viele Spielarten, daß sie geradezu originell wirkt. Daher bleibt es sich gleich, ob der

Tod zur Vereinigung oder, wie meist, zum tragischen Untergang der Liebenden führt, ob er höchstes Erdenglück, was selten ist, oder höchste Himmelsfreude bedeutet, wesentlich ist nur die Überbietung alles je Dagewesenen. Die Totenklage der Zilia in *Zilia an Edgar* nimmt ein immerhin erdenkliches Ende in der Vereinigung des Paares durch einen Liebestod aus Schmerz, wie ihn Zilia wählt: »Der bleiche Lebensfunke wird verglühen, / In tiefen Schmerzen hört mein Dasein auf.« (S. 39) In *Überall Liebe* erfindet die Dichterin eine in der Tradition der Literatur ungekannte Lösung, indem sie Liebe im Hades ansiedelt: »Im Schoß der Nächte, brennt der Liebe Glut / Daß sehnend Schatten sich zu Schatten neigen.« (S. 63) In *Piedro* wählt sie das Motiv der Knabenliebe, das man für die damalige Zeit pikant nennen müßte, wenn es nur etwas mit Männerliebe zu tun hätte: der Knabe jedoch ist eher ein Selbstbild der Dichterin. Tatsächlich hat das Motiv der Schwärmerei eines Helden für den Rivalen, dem er die Geliebte abgetrotzt hat, nur die Funktion, dem Helden ein Schicksal aufzuzwingen, an dem er zugrunde gehen muß. Die ideale Verbindung von Liebe und Tod und damit der einzige Sinn der poetischen Konstellation stellt sich rein dar in *Die Malabarischen Witwen*: »Zur süßen Liebesfeier wird der Tod, / Vereinet die getrennten Elemente, / Zum Lebensgipfel wird des Daseins Ende.« (S. 56)

Die Poesien der Günderrode sind im allgemeinen kurz, weil es schleunig auf das Absolutum des Endes zugehen soll. Nicht nur in *Timur* würde es einem Interpreten schwer fallen, Bedeutungen über das Motiv des Liebestodes hinaus – dieser hat eine geradezu wagnerianische Unbedingtheit – ausfindig zu machen, am wenigsten Auseinandersetzungen mit geistigen oder politischen Strömungen der Zeit. Auch Texte wie das Drama *Mahomed*, von dem man sich in der Epoche der Romantik ein Interesse für eine außereuropäische Religion erwarten könnte, beschränken sich auf die reine Faktizität des Machtkampfes, hier den zwischen Mahomed und dem Großemir Habib-Ebn-Malec, an dessen Ende die Eroberung Mekkas durch den Religionsstifter steht. Immerhin ist dies Drama von etwa hundert Seiten, das umfangreichste Werk der Günderrode (weshalb es hier nicht aufgenommen werden konnte), eines der seltenen, an dessen Ende ein Sieg ohne Reue steht.

Durch die Verbindung mit dem Tod wird die Liebe von einem poetischen zu einem philosophischen Motiv: alle Handlung, die mit ihr in Zusammenhang steht, transzendiert die Wirklichkeit. Die Poesie wird so zu einer Vorschule der Metaphysik. *Ein apokalyptisches Fragment*, ein mystischer Text, der an Jean Paul erinnert, reflektiert, da die Handlung fehlt, nur die Begeisterung des Subjekts; die Ekstase mündet in Selbstauflösung: »ich schien mir nicht mehr ich, und doch mehr als sonst ich, meine Grenzen konnte ich nicht mehr finden, mein Bewußtsein hatte sie überschritten.« (S. 28) Die räumliche Tendenz richtet die Günderrode mit Vorliebe vertikal, nicht horizontal aus, die Figuren steigen in der Ekstase hinauf in ein ideelles Nichts oder, im physischen Tod, hinab ins Schattenreich.

Die Liebe ist die Vorstufe zur Selbstauflösung. Die Partner, mögen es wirkliche oder erdichtete sein, sind Staffagen in einem Kanonisierungsprozeß, der feststellt, daß sie in dieser Welt Repräsentanten eines nicht weiter bestimmten Höchsten waren. Auf Platons *Gastmahl* spielt ihr Diktum an: »Die Vortreflichkeit ist ein Ganzes wir haben sie nicht, sie ist gleichsam wie die Bläue des Himels über uns, u unsere Vortreflichkeit, ist nur ein Streben zu ihr, eine Ansicht von ihr; drum ist keine Persöhnliche Liebe, nur Liebe zum Vortreflichen.«[6] Auch in der Wirklichkeit geht ihr die Bewunderung der Person und ihrer Vortrefflichkeit über die Liebe; an Gunda Brentano hat die Günderrode viel auszusetzen und schreibt ihr verzweifelt: »ich mögte Dich lieben ob ich gleich sonst nicht die Person sondern nur die Vortrefflichkeit liebe.« (S. 107)[7] Die Kardinaltugend der Vor-

6 Ebd., Bd. 1, S. 436.

7 Günderrode an Gunda von Savigny, Juni 1802. Zit. nach: Max Preitz, »Karoline von Günderrode in ihrer Umwelt«, in: *Jahrbuch des Freien Deutschen Hochstifts*, Jg. 1964, S. 176.

trefflichkeit, die durchaus wörtlich als Übertreffen aller anderen Lebewesen verstanden werden muß, und die metaphysische Tendenz des Ich fallen im Liebestod zusammen. Er ist der poetische Ausdruck der metaphysischen Sehnsucht.

Der Vorwurf, daß ihre Poesie unter der Blässe des Gedankens leide, wurde der Günderrode sehr bald gemacht: »Sie müssen sich bemühen, von der grauen Reflexion zur bunten lebendigen Darstellung überzugehen«[8], ermahnt sie Clemens Brentano, obgleich er sich zunächst bemüht, von dem poetischen Talent seiner Freundin hingerissen zu sein. Selbst Friedrich Creuzer, so wohlwollend er dem poetischen Treiben der Geliebten zuschaut, muß feststellen, »daß ich bei wiederholter Lesung viele Stellen in dem Dialog Ihres Mahommed zu räsonnirt in Gedanken u Ausdruck – zu philosophirend in Ton u Farbe u folglich zu wenig poetisch gefunden habe«.[9]

In der Tat war die Günderrode ein Poeta doctus. Der zweite Band der historisch-kritischen Ausgabe bringt eine Auswahl aus ihren Studienheften, die sie als eifrige Leserin vor allem philosophischer Texte zeigt. Sie beschäftigte sich mit Schleiermacher, Hemsterhuis, mit den naturphilosophischen Schriften von Schelling; mit Hilfe einer philosophischen Propädeutik von Kiesewetter studierte sie Logik und Begriffsbildung. Selbst wenn sie das Schlegelsche *Athenäum* exzerpiert, Novalis und das *Sakontala* in der Übersetzung von Georg Forster liest, bleibt sie bei den philosophischen Texten der Weltliteratur. Demnach darf man annehmen, daß sie die Philosophie mehr liebte als die Poesie, daß diese nur ein Ausweg aus dem Dilemma war, daß in jener Epoche Frauen, wenn sie sich überhaupt an der kulturellen Öffentlichkeit beteiligen wollten, nur die Bereiche der Kunst und Dichtung, nicht aber die von Philosophie und Wissenschaft offen standen.

Das Behelfsmäßige dieser philosophisch ambitionierten Dichtung haben also die Zeitgenossen zurecht moniert, denn

8 Clemens Brentano an Günderrode, 2. Juni 1804. Zit. nach: *Ich sende Dir ein zärtliches Pfand* (s. Anm. 1), S. 144.

9 Friedrich Creuzer an Günderrode, 7. November 1804. Zit. nach: Preisendanz (s. Anm. 2), S. 36.

es konnte der Günderrode nicht wie etwa Novalis und Friedrich Schlegel gelingen, diese beiden Bereiche zu verschmelzen. Dazu war ihr philosophisches Wissen zu sehr Buchwissen. Die Behinderung der Frauen im kulturellen Leben lag nicht in der Schwierigkeit zu publizieren, sondern vielmehr in ihrer Einsamkeit. Die Günderrode hatte, anders als ihre männlichen Dichterkollegen, keinen Freundeskreis aus Gleichgesinnten, in dem Gedanken entwickelt, diskutiert und einem Lebens- und Kunststil zugeführt worden wären. Anregungen mußte sie sich in den wenigen Begegnungen mit intelligenten Männern verschaffen, um sie dann in der Stille ihrer Existenz als Stiftsdame für sich zu überdenken. Zur Gelehrsamkeit konnte sie dadurch nicht gelangen, auch wenn sie noch so viel Gelehrigkeit an den Tag legt, zu Kunstsinn und Kunstverstand noch weniger. Ihre Philosophie ist nicht Lebensstil, sie ist gelernt, und das wenige Gelernte muß, um der Poesie überhaupt Raum zu lassen, noch einmal reduziert und abstrahiert werden. Der Poesie wiederum, dieser Sinnlichkeit aus schwarzen Zeichen, treibt die Philosophie alles Leben aus.

Bettina Brentano, von der jeder Satz mehr Poesie enthält als alle Werke der Günderrode zusammen, wurde von Kindesbeinen an durch ihre Umgebung, die Großmutter, den Bruder, den Freund und Mann, in ihren dichterischen Fähigkeiten befördert. Statt sich ein Gedächtnistraining aufzuerlegen, streunt sie durch die Welt und sammelt Metaphern für das, was sie sieht. Daher hat sie als erste auch die philosophische Einsamkeit der Günderrode als das Verhängnis ihrer Dichtung erkannt. Das *Apokaliptische Fragment* gibt Bettina Brentano Anlaß, ihrer beider unterschiedliche Haltung der Poesie gegenüber zu bedenken: »In diesem Fragment lese ich, daß Du nur im Vorübergehen mit mir bist, ich aber wollte immer mit Dir sein, jetzt und immer, und ungemischt mit andern; erst hast Du geweint im Traum um mich, und nachher im Wachen vergißt Du alles Dasein mit mir, ich kann mir nichts denken als nur ein Leben wie es gerad dicht vor mir liegt, mit Dir auf der Gartentreppe oder am Ofen, ich kann keine Fragmente schreiben, ich kann nur an Dich schreiben, aber innerlich weite Wege, große Aussicht, aber nicht dem Mond nachlaufen und im Tau vergehen und im Regenbogen verschwimmen. Zeit und Ewigkeit, das ist mir alles so weitläufig, da fürcht ich Dich aus den Augen zu verlieren, was ist mir ›Ein unendliches Leben bleibend im Wandel‹ [...]. Heute haben wir den 19. Mai, am 7. Mai hat's zum erstenmal gedonnert in diesem Jahr, das wird gerad gewesen sein, wo Du das verdammte apokaliptische Fieber hattest.«[10] Weil die Philosophie nur höchste Gedanken denkt, mußte Karoline von Günderrode annehmen, daß auch nur die hohen Gattungen der Literatur und eine pathetische Sprache ihnen angemessen sei. Deshalb durchstreift sie die Weltgeschichte und Weltliteratur, um nur möglichst erhabene Motive zu finden. Auch der hohe Ton und das strenge Metrum, das die Sätze allzu straff spannt, haben die Aufgabe, alle sinnliche Zufälligkeit auszuschließen.[11]

Die Freundin Lisette Nees, die wie keine die Günderrode begreift, durchschaut, versteht, hat ihr statt des Studiums des strengen Metrums das der weichen Klänge der südländischen Sprachen anempfohlen: »Denken Sie einmal, unsre Karoline, die den unendlichen Wohllaut der südlichen Sprachen kennte, die musikalische Begleitung, die sich hier die Poesie in ihren eignen Tönen gesetzt hat, die innige Durchdringung der Form und des Wesens, glauben Sie, daß sie dann noch ein Drama schreiben würde, das in dem Wechsel der schauderhaftesten Szenen mit den tändelnden Spielen immer den gleichmäßigen Schritt eintöniger Jamben gehen

10 Bettina Brentano, »*Die Günderode*«, in: B. B., *Werke und Briefe*, hrsg. von Gustav Konrad, Frechen 1959, Bd. 1, S. 236 f.

11 Ihr Ziel war Schillers hohes Pathos, worauf Savigny sie hinweist: »Dein Geschmack an Schriftstellern, zum Beispiel Schiller, hängt damit zusammen. Denn was ist das charakteristische an diesem als der Effekt durch eine deklamatorische Sprache, welcher keine korrespondierende Tiefe der Empfindung zugrunde liegt? Und ist nicht jene Manier des Lebens wie diese des Dichters einem Manne zu vergleichen, der sich und die Seinigen zugrunde richtete, weil er einen Aufwand treibt, den er nach seinem Vermögen nicht bestreiten kann?« (Carl von Savigny an Günderrode, 29. November 1805. Zit. nach: *Ich sende Dir ein zärtliches Pfand* [s. Anm. 1], S. 276.)

würde mit der unaufhörlichen Abwechslung einer männlichen und weiblichen Endigung, die uns nur gar zu sehr, mit den hie und da eingestreuten Alexandrinern, an die französische Tragödie erinnert. – Ich werde dies in meinem nächsten Brief Karolinen selbst anschaulich machen und es als einen neuen Grund der Notwendigkeit, Italienisch oder Spanisch zu lernen, benutzen.«[12]

Bettina Brentano eröffnet mit ihrem lange nach dem Tod der Freundin edierten (und zu großen Teilen erfundenen) Briefwechsel *Die Günderode* (1840) die *biographische* Betrachtung dieser Autorin. Schon den Zeitgenossen war es unmöglich, das Mißverhältnis von weiblicher Existenz und männlichem Geist zu übersehen, das in dieser Dichterin wirkte, nur sind sie dem Phänomen, da es so neu war, analytisch und nicht – wie heute üblich – polemisch begegnet. Über die Günderrode mußte jeder erstaunen, der ihr oder ihrer Dichtung begegnete, und zwar nicht, weil sie als Frau publizierte. Das kam seit dem zweiten Drittel des 18. Jahrhunderts auch in Deutschland häufig vor und wurde kaum je mit Mißgunst verfolgt. Alle anderen Frauen aber, Amalie Imhoff, Caroline von Wolzogen, die romantischen Frauen, wählten, wenn sie schrieben, den Roman als Gattung. Er machte die alltäglichen Träume und Wunschbilder zum Thema, Frauen konnten sich also auf diesem Felde als Kennerinnen fühlen, ja sogar hoffen, den Männern überlegen zu sein. Im Roman konnten sie, mit nur geringer Verfremdung, das eigene Leben in Literatur verwandeln. In der literarischen Öffentlichkeit durften sie ihr privates Gesicht ohne Maske zeigen.

Die Günderrode hingegen ist der seltene Fall einer schreibenden Frau, die Masken braucht und immer männliche wählt. Ihre Gattungen, Sujets und Ideen liegen dem traditionellen weiblichen Denken so fern wie möglich: Heldenkämpfe, Weissagungen, mystische Erzählungen in Sagen, Romanzen, Tragödien, Aphorismen, philosophischen Brie-

12 Lisette Nees von Esenbeck an Friedrich Creuzer, 30. April 1805. Zit. nach: *Ich sende Dir ein zärtliches Pfand* (s. Anm. 1), S. 219 f.

fen. Die Diskrepanz einer geschlechtsspezifischen Vorbildung und einer selbstgewählten Ausbildung im fremden Gebiet der männlichen Schrift durchschaut Christian Nees, einer ihrer luzidesten Kritiker, als den Ursprung des Mißlingens ihrer Poesie: »Sie fühlte bald, daß ihr das Ideale der Kunst unzugänglich sey, denn sie hatte es, mit weiblicher Phantasie, nicht in seiner ursprünglichen Reinheit und Selbständigkeit, wie es, eine überirdische Schöpfung auf der Erde, sich bloß in der absoluten Harmonie innerer Beziehungen zu einer freyen Realität ausdrückt, sondern vielmehr in den Formen seiner äußeren Erscheinung, in dem, was wir die wirkliche Welt zu nennen pflegen, geahndet und angeschaut. Daher weilte sie am liebsten in der Geschichte, wo die Idee der absoluten Einheit alles Lebens oft in lichten Puncten hervorzubrechen versucht. Solche Momente leuchteten ihr ein, Menschen, Begebenheiten wurden von ihr symbolisch und allegorisch behandelt, aber das Zurücktreten der höheren Kraft in die Fluth der allgemeinen Geschichte ließ sie ohne Führung zurück, und die selbstgeschaffenen Symbole wurden ihr Hieroglyphen.«[13] Die »weibliche Phantasie« begreift und ergreift an der männlichen Welt nur die äußere Erscheinung; sie kann sie sich nicht einverleiben, sie trägt sie als Rolle *auf* dem Leib – Rollenspiele eines sich ins Hohe und Höchste träumenden Mädchens sind daher alle Dichtungen der Günderrode. Sie ist eine eifrige Kopistin alles dessen, was sie liest, und sie muß viel lesen, weil sie nie den ihr eigenen Stoff findet.[14]

13 In einer anonymen Rezension der *Poetischen Fragmente*, die postum erschien. Zit. nach: *Jenaische Allgemeine Literaturzeitung*, Nr. 138, 13. Juni 1807, Sp. 490.

14 Dies mag Clemens Brentano gemeint haben, der die Gedichte der Günderrode als »Exerzitien« beschreibt, die nur Vorhandenes ausarbeiten: »Das einzige, was man der ganzen Sammlung Böses vorwerfen könnte, wäre, daß sie zwischen dem Männlichen und Weiblichen schwebt, und hier und da nicht genug Gedichten, sondern sehr gelungen aufgegebenen Exerzitien oder Ausarbeitungen gleicht; dieses erscheint besonders durch einen hie und da hervorblickenden kleinen gelehrten Anstrich«. (Clemens Brentano an Günderrode, 2. Juni 1804. Zit. nach: *Ich sende Dir ein zärtliches Pfand* [s. Anm. 1], S. 144.)

Nur wenige der Helden allerdings, in die sich die Dichterin hineinträumt, sind so mädchenhaft, wie der Jüngling in der Romanze *Piedro*. Hold, hingebungsvoll, sehnsüchtig, mit blassen Lippen, freundlichen Augen, einem warmen Herzen, ist er weiblicher als die Frau, die Piedro von ihm zurückerobert hat. Das Sujet, eine Dreierkonstellation, wie sie häufig in den Poesien der Günderrode vorkommt, verrät sich diesmal als Projektion einer Lebenskonstellation, die sie für sich selbst auch in der Wirklichkeit immer wieder herstellt: den Einbruch einer Jünglingin in die bereits bestehende Beziehung eines Liebes- oder Ehepaares.

Auch im Falle ihrer eigenen Liebesverhältnisse nämlich gestaltet die Günderrode ihr Leben nach den Ideen der Poesie. Nicht das Leben bildet sich in der Dichtung ab, sondern diese in jenem. Die Schwärmerei für die Ideale einer männlichen Heldenkultur hat ihr auch im Leben eine männliche Rolle oktroyiert. Immer war sie eher Begleiter eines Paares denn Geliebte des Mannes, bereits in der Beziehung zu Savignys Studienfreund Jakob Friedrich von Leonhardi, dann im Verhältnis zu Gunda Brentano und Carl von Savigny, in jenem zu Sophie Mereau und Clemens Brentano und schließlich in der folgenreichsten, der Begegnung mit Sophie und Friedrich Creuzer.[15] Durchaus ist sie in dieser Beziehung nicht, wie es immer wieder ausgemalt wurde, das leidende Subjekt. Sie spielt auch hier eine Rolle, und zwar mit Entschiedenheit und nicht ohne diktatorische Souveränität: die eines Freundes, der aus intellektuellen und nicht aus erotischen Gründen an dem Verhältnis teilhat und daher mehr auf die Seite des Mannes gehört. Nicht nur im Verhältnis zu Savigny ist sie der Männerfreund, der die Braut des anderen als eigene Freundin akzeptiert, auch in der Leidenschaft, die sie zu Creuzer herstellt, braucht sie die Ehefrau, um Distanz

15 Sie solle nicht die Rolle der Dritten im Bunde spielen, ermahnt sie Lisette Nees in dem Intermezzo, das die Günderrode mit Brentano beginnt: »Und wenn Du nicht stolz sein kannst, was bist Du dann? Ein neues Spielwerk womit er den langweiligen Genius seiner Ehe beschwört.« (Lisette Nees an Günderrode, 23. Mai 1804. Zit. nach: *Ich sende Dir ein zärtliches Pfand* [s. Anm. 1], S. 138.)

zum Gatten zu halten. Niemandem in ihrer Umgebung entging es, daß sie »der Freund« hieß; Bettina Brentano nennt sie Günther, Creuzer macht sie, wenn er sie sich überhaupt weiblich denkt, zur Allegorie und nennt sie »Die Heilige« oder »Die Poesie«. Erst als die Stilisierung zum »Freund« gelungen ist, ist die Günderrode zufrieden in ihrer Beziehung zu Gunda und Carl von Savigny, der ihr schreibt: »Ich wollte Ihnen sagen, daß es entsetzlich unnatürlich zugehen müßte, wenn wir beide nicht sehr genaue Freunde werden sollten. Sie glauben nicht, mit welcher Klarheit und Gewißheit ich einsehe, daß die Natur diesen Plan mit uns hat.«[16] Die Günderrode antwortet: »Ihr heutiger Brief, wie anders! Er gehört meiner Zukunft an, er ist mir wie eine Prophezeiung, ich glaube ihm, in meiner Seele hat es gesprochen, wie er spricht. Ich werde Ihnen angehören wie ein Freund. Sie sagen es auch? Werde ich nicht sehr stolz werden?«[17]

Die Günderrode spielt in der Dichtung die Rolle des männlichen Poeten und im Leben die Rolle der männlichen Freundin. Unzweifelhaft war das eine unselige Bewußtseinsspaltung, aus der Lisette Nees den Tod der Günderrode herleitet: »In diesem Spiel, daß Lina oft sich und ihre Zustände als die eines dritten schildert, liegt mir ein tiefer Sinn: es gibt uns die Spaltung in ihrer Seele, das immer tätige Vermögen der Reflexion, sich von sich selbst zu trennen, im Bilde wieder. Ihre Darstellung ihrer drei Seelen ist sehr wahr. Die Einheit dieser drei Gewalten wäre die Liebe gewesen, – in der Herrschaft der ersten Seele war sie Weib und insofern modernes Wesen, in der zweiten Mann und lebte im Antiken. In der dritten lag die Tendenz zur Ausgleichung beider in das rein Menschliche. Ihre Koketterie war eine schnöde Mißgeburt jener ersten beiden«.[18]

16 Savigny an Günderrode, 14. Dezember 1803. Zit. nach: *Ich sende Dir ein zärtliches Pfand* (s. Anm. 1), S. 108.

17 Karoline von Günderrode an Carl von Savigny, 15. Dezember 1803. Zit. nach: *Ich sende Dir ein zärtliches Pfand* (s. Anm. 1), S. 110.

18 Lisette Nees von Esenbeck an Susanne von Heyden, August 1806. Zit. nach: *Ich sende Dir ein zärtliches Pfand* (s. Anm. 1), S. 350.

Auch der Tod der Günderrode war eine Koketterie, die sie den Helden ihrer Dichtung gleichstellen sollte. Diese hatten für die Liebe statt für ein Vaterland oder eine Idee sterben müssen, denn so bot sich der Günderrode die Möglichkeit, es ihnen gleichzutun. Alle anderen männlichen Heldenpfade zu beschreiten, wäre ihr versagt gewesen. Ihr Tod war theatralisch und konnte deshalb selbst zur Dichtung werden, die sich bis heute fortspinnt und ihr Werk verdrängt. In der Inszenierung des Todes entlarvt sich, wie in der Dichtung auch, die von Lisette Nees bemerkte Persönlichkeitsspaltung: am Ufer eines Flusses liegend, ist sie Ophelia, mit dem Dolch im Herzen männlicher Held.

Die Günderrode hat sich in der Tat der Männer wegen umgebracht. Nicht aber, weil sie sie geliebt, sondern weil sie sie verehrt hat, weil sie wie sie eine kulturelle Anerkennung erstrebte, deren höchste Leistung darin besteht, zu sterben für eine Idee. Für sie als Frau mußte die Liebe diese Idee ersetzen. Ihr Tod ist die Fortsetzung ihrer Poesie. Erst im Tode ist sie wesentlich Dichterin.[19]

19 Als Karoline von Günderrode der Freundin Lisette Nees von ihren Selbstmordabsichten berichtet, erkennt diese sogleich die Stilisierung, die Koketterie, in dem gefährlichen Gedanken: »das Wunderbare und Abenteuerliche ist Dir reizend. [...] Du fürchtest den Tod nicht, aber für wen würdest Du denn eigentlich sterben? Die Phantasie würde sich an Dir rächen, daß Du sie aus ihrem eigenthümlichen Gebiete der Poesie und Kunst in die bürgerlichen Verhältnisse hast übertragen wollen.« (Lisette Nees an Günderrode, November 1805. Zit. nach: *Ich sende Dir ein zärtliches Pfand* [s. Anm. 1], S. 267.)

# Verzeichnis der Gedichtüberschriften und Gedichtanfänge

# Erzählungen und Romane der deutschen Romantik

IN RECLAMS UNIVERSAL-BIBLIOTHEK

---

*Arnim, Achim v.:* Erzählungen. 384 S. UB 1505 – Isabella von Ägypten. 143 S. UB 8894 – Der tolle Invalide auf dem Fort Ratonneau. Owen Tudor. 80 S. UB 197

*Arnim, Bettina v.:* Ein Lesebuch. 349 S. 21 Abb. UB 2690

*Bonaventura:* Nachtwachen. Anh.: Des Teufels Taschenbuch. 188 S. UB 8926

*Brentano, Clemens:* Godwi. 599 S. UB 9394 – Die Geschichte vom braven Kasperl und dem schönen Annerl. 64 S. UB 411 – Gockel und Hinkel. 112 S. UB 450

*Chamisso, Adelbert v.:* Peter Schlemihls wundersame Geschichte. 85 S. UB 93 – dazu Erläuterungen und Dokumente. UB 8158

*Eichendorff, Joseph v.:* Ahnung und Gegenwart. 405 S. UB 8229 – Aus dem Leben eines Taugenichts. 126 S. UB 2354 – dazu Erläuterungen und Dokumente. UB 8198 – Das Marmorbild. Das Schloß Dürande. 100 S. UB 2365 – dazu Erläuterungen und Dokumente. UB 16047 – Sämtliche Erzählungen. 654 S. UB 2352

*Fouqué, Friedrich de la Motte:* Undine. 106 S. UB 491

*Hoffmann, E. T. A.:* Die Bergwerke zu Falun. Der Artushof. 86 S. UB 8991 – Die Elixiere des Teufels. 376 S. UB 192 – Das Fräulein von Scuderi. 79 S. UB 25 – dazu Erläuterungen und Dokumente. UB 8142 – Der goldne Topf. 128 S. UB 101 – dazu Erläuterungen und Dokumente. UB 8157 – Kater Murr.

517 S. UB 153 – Klein Zaches genannt Zinnober. 150 S. UB 306 – Kreisleriana. 155 S. UB 5623 – Das Majorat. 86 S. UB 32 – Meister Floh. 235 S. UB 365 – Nachtstücke. 431 S. UB 154 – Nussknacker und Mausekönig. 100 S. UB 18503 – Prinzessin Brambilla. 8 Kupfer nach Callotschen Originalblättern. 173 S. UB 7953 – Rat Krespel. Die Fermate. Don Juan. 82 S. UB 5274 – Der Sandmann. 79 S. UB 230 – dazu Erläuterungen und Dokumente. UB 8199 – Des Vetters Eckfenster. 53 S. UB 231

*Kleist, Heinrich v.:* Die Marquise von O... Das Erdbeben in Chili. 88 S. UB 8022 – dazu Erläuterungen und Dokumente. UB 8196 und UB 8175 – Michael Kohlhaas. 135 S. UB 218 – dazu Erläuterungen und Dokumente. UB 16026 – Sämtliche Erzählungen. 380 S. UB 8232 – Die Verlobung in St. Domingo. Das Bettelweib von Locarno. Der Findling. 72 S. UB 8003 – Der Zweikampf. Die heilige Cäcilie. Sämtliche Anekdoten. Über das Marionettentheater und andere Prosa. 112 S. UB 8004

*Novalis:* Heinrich von Ofterdingen. 255 S. UB 8939 – dazu Erläuterungen und Dokumente. UB 8181

*Schlegel, Dorothea:* Florentin. 325 S. UB 8707

*Schlegel, Friedrich:* Lucinde. 224 S. UB 320

*Tieck, Ludwig:* Der blonde Eckbert. Der Runenberg. 57 S. UB 7732 – dazu Erläuterungen und Dokumente. UB 8178 – Franz Sternbalds Wanderungen. Studienausg. 584 S. 16 Abb. UB 8715 – Des Lebens Überfluß. 80 S. UB 1925 – Liebesgeschichten der schönen Magelone und des Grafen Peter von Provence. 72 S. UB 731 – Märchen aus dem »Phantasus«. 351 S. UB 18240 – William Lovell. 744 S. UB 8328

---

Philipp Reclam jun. Stuttgart